新质生产力下智慧校园建设技术

徐家利◎著

中国商业出版社

图书在版编目（CIP）数据

新质生产力下智慧校园建设技术 / 徐家利著. 北京 : 中国商业出版社, 2025. 5. — ISBN 978-7-5208-3394-3

Ⅰ. G47

中国国家版本馆 CIP 数据核字第 2025US9868 号

责任编辑：王　彦

中国商业出版社出版发行

（www.zgsycb.com　100053　北京广安门内报国寺 1 号）

总编室：010-63180647　编辑室：010-63033100

发行部：010-83120835 / 8286

新华书店经销

廊坊市博林印务有限公司印刷

*

710 毫米 ×1000 毫米　16 开　12.5 印张　211 千字

2026 年 1 月第 1 版　2026 年 1 月第 1 次印刷

定价：75.00 元

* * * *

（如有印装质量问题可更换）

前 言

在当今信息化高速发展的时代背景下，智慧校园作为教育现代化进程中的璀璨明珠，正以其独特的魅力逐步成为提高教育质量与效率的关键驱动力。智慧校园的建设不仅是技术层面的革新，更是教育理念与模式的深刻变革，它利用先进的信息技术手段，实现了教学资源的优化配置、教育管理的精细化运作以及学生学习方式的多样化探索。通过云计算平台，教育数据得以高效存储与处理；借助大数据分析，学生的学习行为与成效得以精准评估；物联网技术的应用，则让校园环境的智能化管理成为可能。因此，探索新质生产力下智慧校园的建设技术，不仅是对传统教育模式的一次大胆创新，更是对教育未来发展路径的深度思考与实践探索。

本书内容涵盖智慧校园建设的各个方面，从智慧校园的基本概念、发展现状与趋势，到初期的基础建设、网络基础设施建设，再到教学管理与应用系统、校园管理与服务系统的开发，以及数据中心建设、教育资源平台的构建，最后对智慧校园的建设与发展创新进行了深入探讨，并对未来进行了展望，为读者呈现一个完整、立体的智慧校园建设图景。

本书注重理论与实践相结合，既深入剖析智慧校园建设的理论基础，又详细介绍各项技术的具体应用与操作方法。同时，本书语言通俗易懂，避免了过多的专业术语和晦涩难懂的表述，使得读者能够轻松理解并掌握相关知识。此外，本书还注重创新性与前瞻性，不仅深入探讨当前智慧校园建设的最新成果，还对未来智慧校园的发展趋势进行预测与展望，为读者提供宝贵的参考与启示。相信本书的出版，可以为智慧校园的建设者、管理者以及教育工作者提供有益的帮助与指导。

目　录

第一章　智慧校园概述

第一节　智慧校园的概念与内涵

一、智慧校园的概念

智慧校园是在数字校园建设基础上提出来的，其中的“智慧”，源于“智慧地球”。智慧地球的概念最早由国际商业机器公司（IBM）于2008年提出，并于2009年在中国举办的“IBM论坛和中国策略发布会”上再度推出。“关于智慧的含义，首先，它是信息技术视野下一种新的理念、新的管理模式，变革了人与人之间的关系、人造系统与自然的交互方式，其目的是致力于解决当今世界面临的问题”[①]；其次，要具有系统性思维，这样才能最大化系统的智慧行为，产生最好的效果、最大的效率，而且这种系统性智慧行为在整个生态系统中能够自我变革并具有洞见能力；最后，虽然它涵盖了“智慧”的传统含义，但又不是简单地引用其含义，而是具有信息时代特有的数字化、数据化、网络化、智能化外延。智慧地球一经提出，就在国际上产生了较大的反响，渗透到信息化相关的各个领域，催生了许多新的概念，智慧校园就是其中之一。

智慧校园作为教育领域的延伸，致力于构建一个基于信息技术的智能化校园环境。它不仅关注信息的采集、传递和处理，更强调信息的智能化利用。通过对校园内外资源的高效整合和共享，智慧校园旨在为师生提供一个全方位、多层次的数字化平台，使教学、科研、管理等各项工作在智能环境下实现最优的运作状态。

二、智慧校园的内涵

“智慧校园是支持教育共同体开展教育活动的智能化空间和条件，其构

① 罗金玲．“互联网＋”时代智慧校园建设探索［M］．长春：吉林大学出版社，2016：6.

建应以教育共同体为中心，在先进的学习、教学和管理理论指导下，利用各种技术智能感知教学、学习与管理情境，识别教育主体特征，为教育活动的开展提供合适的资源、工具和服务，有效促进教育共同体的智慧生成”[①]。对当前阶段智慧校园的内涵理解如下：

第一，智慧校园的建设离不开坚实的基础环境。良好的网络和硬件设施是智慧校园正常运行的前提条件。学校需要具备高速、稳定的网络环境，以支持各种信息化应用的流畅运行。同时，硬件设施的完善包括智能终端设备、服务器、数据存储设备等，确保了数据的存储与处理能力，为智慧校园的全面数字化奠定了坚实的物质基础。因此，基础环境不仅是信息化校园建设的必要条件，也直接影响智慧校园各类应用的效果。

第二，智慧校园中的应用技术是推动信息化教育的核心动力。现代信息技术的快速发展，使得学校能够引入多种便捷、高效且高度集成的应用系统，如在线教学平台、校园管理系统、虚拟实验室等。这些技术通过数据的实时处理与分析，能够帮助学校在教学、科研、管理等各个环节实现精细化管理和智能化决策。例如，在线课程管理系统不仅可以记录和分析学生的学习轨迹，还可以为其提供个性化学习方案，从而提高教学效率。此外，智慧校园中的图书馆管理系统、实验室预约系统等也提高了学校资源的利用率。这些集成化的应用技术不断优化校园的各项流程，推动了学校的信息化进程。

第三，智慧校园的建设依赖于新兴技术的广泛应用。随着移动互联网、物联网、云计算、大数据等技术的飞速发展，校园的信息化已经从传统的线性模式向网状结构转变，校园的管理、教学、服务等功能得以更加立体化、动态化和个性化。例如，物联网技术通过感知设备实现了对校园环境、设施的实时监控和管理，保证了校园的安全和高效运转。云计算的应用则为学校提供了强大的数据存储与计算能力，使得跨区域、跨平台的资源共享成为可能。而大数据技术通过对海量数据的分析，可以为学校提供深层次的决策支持，进一步推动教育模式的创新。这些新兴技术的应用使得智慧校园不仅是一个信息化的空间，更是一个能够主动学习与自我优化的智能系统。

第四，在智慧校园的建设中，师生的信息化素养同样是至关重要的。无论是教师还是学生，信息技术能力的提升都是智慧校园技术应用的前提。教师需要具备一定的技术应用能力，能够将信息技术与日常教学深度融合，以

① 李进生. 智慧校园基础 [M]. 北京：首都经济贸易大学出版社，2021：10.

创新教学方式、提高教学效果。同时，学生的信息素养也直接关系智慧校园的应用效果。学生不仅需要掌握基本的数字技能，还需要具备信息筛选与应用的能力，从而有效利用智慧校园提供的各类资源。因此，学校在推进智慧校园建设的过程中，必须加大对师生信息素养的培训力度，以保障智慧校园各项技术的顺利落地。

第五，智慧校园的建设是一个长期而持续的过程。由于教育信息化是一个不断发展与变革的领域，学校在建设智慧校园时，需要注重其机制体制的稳定发展。智慧校园不仅要跟随技术的进步不断更新迭代，还要确保在此过程中，校园的运行机制和管理体制能够适应新技术的引入和应用。例如，学校需要定期评估智慧校园的各项应用系统，以确保其稳定性和安全性，避免技术更新带来的不适应性问题。只有确保智慧校园的持续性发展，才能真正实现教育信息化的长远目标。

第六，智慧校园的核心理念是信息技术与教育教学的深度融合。智慧校园不仅是硬件和技术的堆砌，更在于信息技术能够有效融入学校的教育教学活动中，帮助学校提升教育质量。例如，在线学习平台与课堂教学的结合，既丰富了教学形式，又扩展了学习的时间与空间维度，使得教学更加灵活、个性化。因此，学校在构建智慧校园时，必须将技术与教育理念相结合，推动教育改革，提升师生的信息化能力，最终实现教学质量的整体提升。

第七，智慧校园的建设还需要注重机制的创新。智慧校园不仅依赖于技术的应用，还需要在组织结构和管理体系上进行创新。学校的信息化建设需要建立健全的信息化组织体系，涵盖领导力、政策制定、人才培养、运维管理和安全保障等多个方面。领导力的有效发挥是智慧校园建设的关键，领导者需具备前瞻性的眼光，能够为学校的信息化发展指明方向。同时，政策的制定与人才的培养也是智慧校园顺利发展的保障，尤其是在技术运维和信息安全方面，学校必须建立完善的保障机制，以确保智慧校园运行的安全、稳定。

第二节　智慧校园的发展现状与趋势

“伴随互联网、虚拟现实、物联网等新型信息技术的普遍应用，教育信息化也正向一体化、智能化等方面发展”①。高校需要更进一步运用智能化手段，推进智慧校园建设，打造绿色、节能、环保的智慧生态学校，为进一步提高人才培养品质提供科技保障。

一、智慧校园的建设现状

智慧校园作为现代高校信息化建设的重要方向，近年来得到了广泛的发展和应用。智慧校园的建设不仅是推动教育现代化的重要举措，也是提高教育管理效率和教育质量的关键手段。下面从信息化基础设施、智慧校园应用平台、应用体系覆盖及教学应用多样化等多个方面，对当前智慧校园的建设现状进行详细论述。

（一）信息化基础设施

信息化基础设施是智慧校园建设的基础和前提。随着高校对信息技术的日益重视，多数高校已经实现了有线和无线网络的全面覆盖，建立了高效、稳定、安全的网络基础架构。这种全方位的网络覆盖为智慧校园的正常运行提供了坚实的物理保障。高校的网络基础设施通常具有较高的带宽和稳定性，能够支持各种数据的传输需求，尤其是在大规模用户并发访问和数据传输高峰时，网络系统仍能够维持较高的服务质量。

此外，高校的信息化基础设施还具备良好的业务扩展能力。随着信息化需求的增加，高校的网络架构可以通过技术手段进行灵活扩展，从而适应未来的应用需求和用户数量增长。同时，信息化基础设施在建设过程中也十分注重安全性。网络安全不仅是保障智慧校园系统正常运转的必要条件，也是保护校园内敏感信息和数据安全的重要手段。因此，高校普遍采用了多层次的网络安全防御措施，如防火墙、入侵检测系统和加密技术等，以应对各种可能发生的网络安全威胁。

（二）智慧校园应用平台

智慧校园的核心之一是基于统一平台的数据管理与应用服务系统。大多数高校已经建立了智慧校园应用平台，提供技术支持，整合各类业务系统，实现大数据的融合与管理。智慧校园平台通过统一的数据源，打破了传统信

---

① 刘光宇．高职院校智慧校园建设现状及发展趋势［J］．中国培训，2023（2）：104.

息系统中的“信息孤岛”现象，各业务系统的数据实现了互通和共享，增强了数据的时效性和可靠性。这种统一管理的模式，不仅简化了信息处理流程，还提高了学校的管理效率和决策能力。

智慧校园应用平台还具备较强的可扩展性，可以根据学校的实际需求引入新的功能模块，如教学管理、科研管理、后勤服务等。同时，智慧校园平台还充分考虑了用户体验，提供了多样化的操作界面和便捷的功能访问，极大地提高了学校师生的使用便利性。

智慧校园平台的重要特征之一在于它对大数据的有效运用。通过对不同业务系统中产生的数据进行汇总和分析，学校管理者可以及时掌握校园运行情况，如学生的学习状态、教师的教学情况以及校园后勤服务的运行效率等。大数据的分析结果可以为学校的各项管理决策提供科学依据，帮助学校在提高教学质量、优化资源配置、提升服务水平等方面作出合理判断。

（三）应用体系覆盖

智慧校园应用体系全面覆盖。各类应用系统几乎涵盖了校园的所有管理和服务领域，如办公自动化系统、教学管理系统、学生管理系统、收费系统、就业管理系统等。这些系统之间通过智慧校园平台实现了数据共享，使得不同部门之间的信息互通更加顺畅，消除了过去各部门数据独立、相互不通的弊端。

办公自动化系统的普及使得学校的日常行政事务处理变得更加高效和规范。教师和行政人员通过系统可以快速完成各种教学计划制订、审批、会议安排、文件流转等任务，缩短了事务处理的时间。同时，学生管理系统的应用，使得学校可以更加全面、动态地掌握每位学生的学习、生活、健康等各方面信息，便于学校根据学生的实际情况提供更有针对性的教学和服务。

此外，智慧校园的应用体系在教学管理方面也发挥了重要作用。教学管理系统不仅能够实现教学计划、课表安排、成绩管理等基本功能，还能够通过与其他系统的联动，实现对教学质量的监控和分析。比如，通过对学生成绩、课程参与度等数据的分析，学校可以及时调整教学策略，确保教学效果的持续优化。

（四）教学应用多样化

在教学应用方面，智慧校园建设的一个重要趋势是多样化教学手段的引入与应用。虚拟现实（VR）、增强现实（AR）等先进技术已经逐渐应用于高校教学中，为学生提供更加生动、直观的学习体验。这些技术打破了传统教学的时间和空间限制，使学生可以通过虚拟场景进行实验操作、模拟学习，极大地提高了学习的趣味性和实用性。

网络教学平台的普及是智慧校园在教学应用中最为显著的成果之一。高校通过网络教学平台，为学生提供丰富的教学资源，如在线课程、课件、视频等，学生可以随时随地通过互联网进行学习。这种学习模式的灵活性使学生的自主学习能力得到了极大的提升，特别是在远程教学和混合教学模式下，网络教学平台发挥了不可替代的作用。

此外，智慧校园还利用各种模拟软件为学生提供实践操作的机会。对于实验性较强的学科，如工程、医学等，传统教学模式下的实验操作往往受限于设备和场地。而通过模拟软件，学生可以在虚拟环境中进行实验操作，这样既节省了资源，又降低了实验的风险。这种模拟实践的方式为学生提供了更多的动手操作机会，使他们的实践能力得到了更好的培养。同时，智慧校园还建立了庞大的教学资源库，涵盖了各类学科的电子教材、学术论文、参考书目等，为教师和学生提供了丰富的教学和科研资源。这些资源不仅可以通过校园网络随时访问，还可以通过与其他高校的资源库进行互联互通，实现跨校区、跨地域的资源共享。

在教学管理上，智慧校园也提供了智能化的教学空间，通过数据分析和人工智能技术为教学活动提供支持。例如，通过对教学过程中的数据进行分析，系统可以自动评估学生的学习状态，识别学生在学习过程中可能存在的问题，并根据不同学生的学习特点推荐相应的学习资源和教学策略。这种智能化的教学支持系统不仅有助于提升学生的学习效果，还可以帮助教师更好地掌握教学进度、提升教学质量。

二、智慧校园的发展问题

智慧校园的发展在现代高等教育领域中占据着极为关键的地位，它能够为学校的教学、管理以及服务等多个方面带来显著效率的提升和优化效果。然而，当前高校在智慧校园建设中仍面临诸多关键问题，阻碍了信息化与智能化技术的深入应用和普及。通过详细分析和讨论这些问题，能够为未来智慧校园的发展提供重要的理论参考与实践指导。

（一）信息化专业人员不足

高校信息化专业人员的数量和质量都尚未达到支撑全面智慧校园建设的要求。大部分高校的 IT 团队规模有限，难以承担复杂的信息化建设、管理和维护任务。与此同时，教师的信息素养也亟待提升。尽管一些高校已经意识到信息化的重要性，但在实际操作中，教师们的信息技术能力与现代教育技术的要求之间还存在显著差距。信息化技术的应用不仅局限于信息系统的使用，更涉及如何通过技术手段优化教学过程、提升学生的学习体验。因此，培养和引进更多的信息化专业人员，以及提升现有教师的信息素养，是智慧校园建设的必要前提。

（二）网络安全手段单一

高校作为信息密集型单位，承载着大量的学术研究、学生数据和行政管理信息，其网络安全的重要性不言而喻。然而，许多高校仍然依赖于传统的网络安全手段，缺乏现代化的、系统性的安全防范策略。尤其是在异地容灾管理方面，大多数高校并未建立起健全的异地备份与灾难恢复机制，这使得一旦发生网络攻击或数据丢失事件，数据恢复和业务连续性难以保证。此外，随着网络威胁的不断演变，高校的网络安全防护手段开发空间巨大。当前的安全策略多集中于防火墙、杀毒软件等基础措施，而针对内部人员违规操作、外部网络攻击等复杂威胁的综合防控体系尚未形成。为应对日益复杂的网络环境，高校需要加强多层次、多角度的网络安全建设，同时，采用大数据分析、人工智能等先进技术进行实时安全监控和预测。

（三）信息化建设需求大但整合不足

当前，高校的各部门对信息化建设的需求非常旺盛，尤其是在教学管理、科研管理、财务管理等领域，信息化手段的引入有助于提高效率、降低成本。然而，由于各部门的建设多为独立进行，缺乏全局性的智慧化建设意识，导致系统间的数据流转存在信息不对称现象。例如，学生的学习数据、考勤数据、活动记录等在各系统中分散存储，彼此无法互通，极大地影响了数据的有效利用和分析。此外，各部门在信息化建设中的独立性，也导致了重复建设的问题，不同系统之间缺乏协同效应，资源浪费严重。解决这一问题的关键在于加强信息化建设的顶层设计，推动各部门之间的协同合作，实现数据的整合与共享，进而构建出一个高度互联的智慧校园生态系统。

（四）OA 办公系统不完善

OA 办公系统的不完善直接影响了高校业务流程的信息化水平。当前，许多高校的 OA 办公系统还处于初步发展阶段，难以满足复杂多变的业务协同需求。学校的各类业务流程，如人事管理、财务审批、项目申报等，往往需要跨部门协同配合。然而，现有的 OA 系统未能实现各部门业务流的无缝对接，导致审批流程烦琐、信息传递不畅。这种业务协同问题不仅影响了工作效率，还削弱了信息化建设对高校整体管理优化的推动作用。未来，必须对 OA 办公系统进行进一步的完善，并通过优化业务流程、加强系统整合，实现无纸化办公、智能化审批和高效的跨部门协作。

（五）教学问题

现代教育改革强调教学与实践的紧密结合，而当前高校的教学模式仍存在较大问题，无法有效满足这一需求。传统的课堂教学模式更多依赖于教师的单向知识传授，忽视了对学生的实践能力培养问题，导致教学与实际应用脱节。例如，在一些工科和理科专业，学生因缺乏实际操作和实践经验，难以将所学的理论知识应用到真实情境中。此外，教学管理部门在设置专业课程时，常常难以准确界定学生的能力培养方向，课程设置较为僵化，缺乏灵活性，无法适应不同学生的个性化需求。智慧校园的建设应当在教学环节发挥更大的作用，通过引入智能化的教学工具和资源，推动教学模式的变革，促进教学与实践的有机结合，提升学生的综合素质与创新能力。

（六）管理服务问题

高校行政化管理方法复杂，各部门之间的工作流多为独立进行，缺乏有效的数据共享机制，导致跨部门的服务协同效率低下。例如，学生的学籍信息、财务信息、宿舍信息等数据分别由不同的部门管理，在实际操作中，常常需要学生重复提交同样的信息，这无疑增加了工作量和时间成本。此外，由于信息系统的建设滞后，部分行政管理工作仍依赖于传统的手工处理，重复性工作较多，效率较低。这些问题不仅增加了管理的难度，还影响了高校整体运行效率的提高。智慧校园的管理服务系统应当以信息化和自动化为核心，通过系统升级和流程优化，简化行政管理流程，减少重复工作，实现跨部门的数据共享和协同服务，提升管理效能。

（七）综合决策困难

智慧校园的建设不仅是信息化的升级，更要求在管理层面引入科学的决策机制。然而，当前高校普遍存在“信息孤岛”现象，数据分散在各个独立的系统中，无法形成完整的大数据服务体系，这严重制约了管理者的决策能力。此外，由于缺乏科学的数据分析基础，使得许多管理者在制定政策时更多依赖于个人经验，决策水平参差不齐，难以保障政策的科学性和有效性。为解决这一问题，高校需要加强大数据技术的应用，通过数据挖掘与分析，提供更为准确、全面的决策支持工具，帮助管理者在政策制定过程中作出更加理性、科学的判断。

三、智慧校园的发展趋势

智慧校园的发展趋势是推动教育信息化进程、提高教育管理效率的重要方向。随着信息技术的不断进步，高校逐渐进入数字化、智能化的全新阶段。这一转型不仅涉及技术的升级，还要求教育管理体系的全面重构，以适应新时代的教学需求和管理模式。通过分析智慧校园的多个关键发展趋势，可以更清晰地理解智慧校园未来的发展路径。

（一）教育云基础平台进入部署应用阶段

随着云计算技术的广泛应用，越来越多的高校逐步将传统机房转向私有云化建设。这种趋势带来的显著优势在于，通过建立云计算数据中心，教育主体能够更加专注于核心的教学服务，减少了以往因构建信息系统所带来的繁重工作。云计算技术的优势在于其可扩展性、灵活性和成本效益，它允许高校在提高教学管理效率的同时，减少物理基础设施的建设和维护成本。此外，云平台的部署还为教师、学生以及管理人员提供了便捷、高效的数据存储和共享方式，极大地提升了信息获取的速度和准确性。因此，随着私有云在高校机房中的广泛部署，云计算必将成为智慧校园建设中不可或缺的技术支撑。

（二）高校信息化进入应用深化期

随着教育信息化的不断推进，高校信息化正在逐步进入应用的深化期。信息技术已经不仅局限于简单的工具支持，而是开始深度融入教学、科研、管理和后勤等多个领域，逐渐成为推动高校综合发展的关键力量。具体而言，信息化的应用主要体现在教学与知识管理的创新、后勤服务的自动化以及决策支持系统的优化。例如：教学管理系统通过与学生学习行为数据的整合，能够为教学方案的制订提供更加精准的支持；知识管理系统通过与图书馆、科研成果等资源的联动，实现了学术资源的高效整合与共享；后勤管理系统则通过智能化手段，提高了资源调配的效率，确保了校园后勤运营的平稳有序。在此基础上，高校的信息化应用不仅提高了整体运营效率，也为智慧校园的全面落地奠定了坚实基础。

（三）灵活而安全的数据管理

在智慧校园的建设中，数据管理问题始终是不可忽视的核心议题。随着数据量的爆炸式增长，如何实现数据的高效管理已成为信息化建设的重点挑战之一。智慧校园的数据管理需要兼顾灵活性与安全性，确保数据的准确性、可获取性以及核实性。高校需要建立健全的数据管理体系，以确保信息系统能够及时、准确地为教学和管理提供支持。特别是在数据安全方面，随着信息化应用的深化，数据泄露、数据篡改等风险也在增加。为应对这些挑战，高校需要通过完善的数据加密、访问控制、数据备份等多样化、多层次的技术手段，保障数据的安全性与隐私性。同时，数据管理体系还应具备高度的灵活性，能够根据实际需求进行调整与优化，以确保数据能够随时满足校园内不同部门的多样化需求。

（四）物联感知系统

物联网技术是智慧校园发展的重要支撑之一。在未来的发展趋势中，物联网与智能应用系统的深度融合将形成一个完善的校园物联感知体系，从而极大地提高数据收集与使用的效率。物联感知系统通过将校园内的各类传感设备、监控设备与数据平台连接起来，能够实现对校园各类环境数据的实时监测与管理。例如：校园的安防系统通过物联感知设备可以实现对人员流动、环境变化的实时监控，确保校园的安全；教学设备的智能化管理也通过物联网实现了资源的高效配置，从而提高了教学效率。随着物联网技术的不断成熟，校园内各类数据的互联互通将进一步优化管理决策流程，为构建更加智能化的校园环境提供技术支撑。

（五）数据使用自主性

随着信息化应用的深入，高校逐渐具备了更高的自主数据利用能力。智慧校园的发展并不能仅依赖外部技术的引入，还要求高校具备对自身数据资源的深度理解与有效管理。数据自主性的提升，意味着高校能够更加灵活地利用数据进行教学创新、管理优化以及服务社会。然而，数据自主利用能力的提升也伴随着数据管理上的挑战。例如，如何实现数据的规范化使用，如何确保数据共享的安全性，如何在数据分析中确保决策的科学性，都是高校在数据利用过程中需要面对的问题。因此，高校需要通过不断完善自身的数据管理机制，提高数据处理的专业性与技术水平，逐步实现对数据的自主利用，推动智慧校园建设的可持续发展。

（六）云计算平台

云计算平台作为现代化学校建设的核心技术之一，不仅提供了强大的数据存储与分析能力，还为资源的高效共享与利用提供了技术基础。高校通过云计算平台能够将校园内的各类信息系统、教学资源进行整合，形成统一的资源管理平台，极大地提高了信息化服务的整体效率。云计算技术的核心优势在于其弹性扩展性与按需服务的特点，能够根据校园实际需求进行资源的动态调整，避免了传统数据中心存在的资源浪费问题。同时，云计算平台还能够支持多终端、多平台的访问，师生可以随时随地通过任何终端设备实现对云端资源的快速访问，从而提升了校园信息化的便捷性。通过云计算平台的建设，高校的信息化服务水平将得到大幅提升，进而为智慧校园的全面建设奠定基础。

（七）高校数字化发展

高校作为教育体系中的重要组成部分，在智慧校园建设中也逐渐迈入了数字化发展的快车道。数字校园建设的持续创新，使得高校能够更加有效地推进教学与管理的智能化转型。智慧校园建设不仅是技术的单方面应用，还涉及校园文化、教学模式、管理体系的全面创新与融合。在高校的智慧校园建设中，协调推进是关键，即需要在信息化建设过程中统筹教学、管理、服务等多方面的发展需求，实现全面、和谐的发展。例如：通过构建智能化的教学管理平台，高校能够更加精准地了解学生的学习进展，为个性化教学提供数据支持；通过智能化的校园管理系统，能够提高资源调配效率，确保校园运行的顺畅与高效。高校的数字化发展不仅是智慧校园建设的基础，也为整体教育信息化的推进提供了宝贵的实践经验。

第三节　智慧校园建设的意义与价值

智慧校园建设作为信息技术与教育深度融合的产物，具有深远的意义和广泛的价值，它不仅为现代教育提供了全新的模式和手段，还为学校的管理、教学、科研、生活等各方面带来了创新性变革。智慧校园的建设既是教育信息化的重要体现，也是推动教育现代化、实现高质量教育发展的必然要求。

一、促进教学质量提升

智慧校园的建设为教学方式的革新提供了技术支持。通过智慧化教学平台，教师可以实现对教学资源的共享与管理，学生则可以通过网络便捷地获取学习材料和资源。这种信息技术的应用打破了传统教学模式中时间和空间的限制，为个性化学习和自适应学习提供了可能。学生可以根据自己的学习进度和需求，自主选择合适的学习内容，提升学习的有效性。此外，智慧校园为教学评价体系的完善提供了数据支持。通过智能化的分析工具，教师可以跟踪学生的学习进度和学习表现，进而有针对性地调整教学策略。这种基于大数据的教学评估模式不仅提高了教学效率，也为教学改革提供了科学依据。

二、优化学校管理效率

智慧校园建设不仅是对教学的支持，也为学校的管理提供了智能化手段。通过智慧化管理平台，学校可以实现对行政、后勤、人事、财务等各方面工作的集成化管理。智能系统能够自动化处理大量事务性工作，减少人工干预，提高管理效率。例如，智慧校园系统可以实现对学生出勤、成绩、健康状况等信息的实时监控与分析，管理人员可以迅速掌握学生动态，及时采取相应措施。此外，智慧校园的建设还可以通过智能门禁系统、监控系统等手段提升校园安全管理水平，保障校园环境的和谐稳定。

三、推动教育公平发展

教育公平是现代教育的重要目标之一，智慧校园的建设在促进教育资源的均衡分配和提高教育公平性方面具有重要意义。智慧校园通过互联网将优质的教育资源共享到偏远地区，使得教育资源的获取不再受地理位置的限制。通过远程教育和在线课程，城乡之间、地区之间的教育资源差距得以缩小。智慧校园的在线平台可以为那些无法获得优质教育资源的学生提供学习机会，实现教育资源的共享与互通，推动教育公平的实现。这种资源的整合与共享不仅有利于弥补区域教育差距，还为教育资源的优化配置提供了可能。

四、提升学校科研能力

智慧校园的建设不仅促进了教学和管理的智能化，也为科研工作提供了更为便捷的条件。通过智慧校园的科研管理平台，研究人员可以方便地进行资料的查阅、数据的收集与处理，同时能通过平台与其他研究人员进行学术交流与合作。这种跨区域、跨学科的科研协作，打破了传统科研的壁垒，有助于促进知识的流动和创新的产生。此外，智慧校园的建设还可以通过大数据分析、云计算等技术手段为科研工作提供数据支持，提高科研的效率和质量。学校的科研成果也可以通过智慧校园平台进行发布与传播，扩大科研成果的影响力。

五、改善师生校园生活

智慧校园不仅服务于教学与科研，还对师生的校园生活产生了积极影响。智慧校园系统通过一体化的服务平台，能够为师生提供更加便捷的生活服务。例如，智能餐饮系统、在线医疗预约、智慧图书馆等功能，能够极大地提升师生的校园体验。通过智慧校园的建设，学校可以为师生提供更为舒适和便利的生活条件，增强校园的吸引力和凝聚力。同时，智慧校园的建设还能够加强师生之间的互动与交流，通过社交平台、学习社区等功能，智慧校园能够促进学生之间、师生之间的合作与分享，提升校园的整体文化氛围。

六、服务终身学习体系

随着社会的不断进步，终身学习已经成为现代社会的一个重要理念。智慧校园的建设不仅能服务于在校学生，还为社会学习者提供了学习机会。通过在线课程、开放教育资源等手段，智慧校园可以为社会各界人士提供终身学习的途径。智慧校园建设能够通过开放课程资源、在线学习平台等形式，推动教育服务的社会化，为各类学习者提供广泛的教育资源，促进终身学习体系的构建。这种资源的开放与共享，有助于提升全民的综合素质，推动社会的全面进步。

七、促进教育模式创新

智慧校园的建设为教育模式的创新提供了土壤。传统教育模式往往受到时间、空间和资源的限制，而智慧校园通过信息技术打破了这些限制，为混合式学习、“翻转课堂”“慕课”等新型教育模式提供了可能。学生不再受制于教室和课本，可以通过多元化的学习方式获取知识。这种教学模式的革新不仅提高了教学的灵活性和个性化，也为学生的全面发展提供了更为广阔的空间。同时，智慧校园通过人工智能、虚拟现实等前沿技术的应用，为教育模式的创新提供了更多的可能性。未来，智慧校园将进一步推动虚拟课堂、模拟实验室等教育形式的发展，促进教育的智能化、个性化和多样化。

八、支持教育数据驱动决策

智慧校园的建设为教育管理者提供了数据支持，通过对海量教育数据的收集与分析，管理者可以更加科学地作出决策。例如：通过对学生学习行为的分析，学校可以判断教学效果的优劣，并据此调整教学计划；通过对校园资源使用情况的分析，管理者可以更有效地配置教育资源。这种基于数据的决策模式不仅提高了管理的科学性，也为教育改革提供了新的思路。此外，智慧校园的建设还能够通过数据分析技术帮助教育管理者发现教育过程中存在的问题，进而有针对性地改进，提升教育质量和管理水平。

九、促进绿色校园建设

智慧校园的建设不仅能够提升信息化水平，还能够促进校园的绿色发展。通过智慧化管理平台，学校可以实现对电能源、水资源的智能化管理，减少资源浪费，实现校园的可持续发展。例如，通过智能控制系统，学校可以对校园内的照明、空调等设施进行合理调控，降低能源消耗。同时，智慧校园的建设也可以减少纸张等资源的使用，推进无纸化办公，减少环境负担。智慧校园通过智能化手段的应用，为绿色校园的建设提供了技术支持，推动了校园的生态化发展。

十、提升学校的品牌与竞争力

在全球化的背景下，智慧校园的建设对学校的品牌塑造与竞争力提升具有重要意义。通过智慧校园的建设，学校可以展示其在信息技术应用、教学管理、科研创新等方面的先进水平，提升其在国内外的影响力。同时，智慧校园为学校的国际合作与交流提供了平台，使得学校能够更好地参与全球教育合作，提升其国际竞争力。智慧校园的建设还能够增强学校的吸引力，吸引更多的优秀教师和学生加入，推动学校的可持续发展。

第二章　智慧校园初期基础建设

第一节　数据中心主机房

“在智慧校园的建设中，不同领域、不同部门都存在模块化建设。”[①] 然而，在实现数据共享的过程中，还面临着诸多挑战。当前，数据孤岛现象严重，不同系统间的数据共享困难显著，这使得信息整合和利用受到限制。尽管许多部门已经引进了先进的新技术，但由于缺乏专业的维护和管理，导致这些技术的应用效率低下，且存在较大的安全隐患。此外，数据中心的不足导致了数据的分散存储、资源的浪费，以及管理上的不均衡，这进一步影响了智慧校园系统的整体性能和稳定性。

一、数据中心建设意义

在智慧校园的初期基础设施建设过程中，数据中心的建设具有战略性的重要意义。随着科技的发展，教育领域中的数据管理需求日益增加，数据中心为智慧校园提供了必要的技术支持和资源保障。数据中心不仅是一个存储和处理数据的场所，更是高效信息流通的核心枢纽。

第一，数据中心的建设可以实现数据的统一管理，打破传统的信息孤岛。信息孤岛指的是各个部门和系统间因缺乏数据共享和协作，导致数据分散在不同系统中，形成各自为政的局面。这种局面不仅增加了信息管理的难度，还可能导致数据冗余和资源浪费。通过建立数据中心，可以有效整合各类数据资源，包括医疗、天气、房产等多个领域的信息库。尤其是在智慧校园的环境中，数据中心可以将各类教学、科研、后勤等数据统一管理，确保数据的集中存储、处理与分析。

① 王磊，赵红梅，李赫男．探究智慧校园建设与信息技术应用：以黑龙江八一农垦大学为参考 [M]. 哈尔滨：哈尔滨工程大学出版社，2019：9.

第二，数据中心的建设为城市发展提供了坚实的数据支撑。在现代化城市的运行中，数据已经成为重要的生产要素。高效的数据中心能够为政府、企业及个人提供数据支持，提高数据的共享和使用效率，为智慧城市的构建提供基础保障。通过在高校中应用数据中心，可以更好地推进智慧校园的建设，为教育资源的整合、教学方法的优化以及科研工作的开展提供坚实的技术基础。

第三，数据中心能够提高高校的资源利用率。通过统一的接口和规范的数据管理模式，可以有效减少重复建设和资源浪费。数据中心不仅是数据存储的场所，也是数据交换和处理的核心枢纽。通过高效的管理机制，数据中心可以为不同系统和平台提供标准化的数据服务，确保各类系统的数据共享和互联互通，从而提升学校整体的信息化管理水平。

二、规划及建设内容

数据中心的规划与建设是一个复杂且多层次的过程，通常涉及多个方面的统筹与协调。一个合理、科学的数据中心建设方案需要在充分考虑高校实际需求的基础上，综合多种因素进行规划与实施。以下是数据中心规划与建设的关键内容：

第一，全局规划。全局规划是数据中心建设的第一步，也是最为基础的一步。全局规划包括数据中心的选址、建筑设计、安全防护等多个方面。在选址时，需充分考虑网络连接的便捷性与稳定性，因为数据中心需要与校园内外的多个系统保持数据联通。建筑设计则应符合现代数据中心的建设标准，确保内部空间布局合理，设备安装和维护便捷。在安全防护方面，数据中心作为高校信息资源的核心，必须具有较高的安全性，能防止物理攻击和自然灾害对数据的威胁。

第二，核心设施。数据中心的核心设施包括万兆核心主干网、私有云数据中心以及标准化的数据中心机房。万兆核心主干网能够为校园内的各类信息系统提供高速稳定的网络连接，确保数据传输的效率和稳定性。私有云数据中心为智慧校园提供了安全、灵活的虚拟化服务，能够根据需求动态分配计算和存储资源。标准化的数据中心机房则是确保数据中心稳定运行的基础，其内部设备的安装和维护需要遵循严格的规范，以保证数据中心的长期可靠运行。

第三，网络安全。随着信息化建设的深入，网络安全问题日益凸显。数据中心作为信息存储和处理的核心，其网络安全建设至关重要。数据中心的网络安全系统应包括多层次的防护措施，如防火墙、入侵防御系统（IPS）、虚拟专用网络（VPN）等。这些系统可以有效抵御各种网络攻击，保护数据的安全和完整性。此外，还需考虑数据加密和用户身份认证机制，确保数据在传输过程中的安全性。

第四，无线校园网。无线校园网的覆盖是数据中心建设的另一个重要内容。在智慧校园中，师生对网络的依赖日益增加，无线网络的稳定性直接关系教学和科研的顺利开展。通过数据中心的建设，可以实现全校园范围内的无线网络覆盖，为师生提供随时随地的网络接入服务。此外，数据中心还需具备灵活的网络管理功能，能够根据不同用户的需求分配网络资源，确保网络的高效利用。

三、主机房规划拓扑

主机房是数据中心的重要组成部分，其规划拓扑设计直接影响数据中心的整体性能与安全性。在主机房规划中，通常采用大二层架构体系[①]。这种架构体系一般具有较高的网络扩展性和灵活性，能够满足智慧校园内各类信息系统的需求。大二层架构的核心思想是将网络的各个节点通过逻辑层次划分，使网络结构更加清晰、管理更加方便。同时，设置双链路冗余以保障网络的稳定性和可靠性。在主机房的关键节点，如网络核心交换机、服务器群等设备处，应设置高性能的防火墙，并采用私有地址隐藏网络内部的真实地址信息，从而增强网络的安全性，防止外部网络攻击对校园网络的侵害。

四、配备环评系统

为了提升数据中心的运维管理水平，确保各类设备的安全运行，数据中心需配备动力和环境监控系统。动力和环境监控系统可以对机房的电力供应、空调系统、消防系统等进行实时监测和管理，确保数据中心的运行环境始终处于最佳状态。

动力监控系统可以实时监测供配电系统的运行情况，包括主电源、备用电源和不间断电源（UPS）等设备的状态。在发生电力异常时，系统能够自

① 大二层架构体系是指在网络通信中，数据链路层和网络层之间没有路由器的网络架构。它主要依赖交换机进行数据的交换和分发，适用于局域网中的通信场景。

动发出报警信号，并采取相应的应急措施，以确保数据中心的正常运行。环境监控系统则可以对机房内的温度、湿度、空气质量等进行监测，保证机房环境的稳定。通过这些系统的配备，数据中心的运维管理将更加智能化，运维人员可以通过实时监控数据，及时发现和解决潜在问题，从而确保数据中心的长期稳定运行。

五、灾备中心

灾备中心的建设是数据中心安全体系中的重要组成部分。根据国家相关标准，灾备中心应具备 24 小时不间断的运行能力，并能在主数据中心发生故障时迅速接管其业务，保证数据的安全性和连续性。灾备中心的设计容量通常为主数据中心的 50%，以保证其能够在紧急情况下承担一定的负载。

灾备中心的建设内容包括一些基础设施，如建筑装饰、供配电系统、UPS 系统、空调系统以及消防系统等。这些基础设施的设计和安装需符合现代数据中心的标准，确保灾备中心能够独立运行。除物理设施外，灾备中心还需具备完善的数据备份机制，定期对主数据中心的关键数据进行备份，以防止数据丢失或损坏。通过灾备中心的建设，数据中心的安全性将得到进一步提升，为智慧校园的信息化建设提供更可靠的保障。

六、专网

高校的业务系统通常涉及大量敏感数据，如学生信息、科研成果、财务数据等。因此，业务系统的数据传输安全性尤为重要。为了保障这些数据的安全，数据中心可以通过物理线路组建专网或采用虚拟专用网络（VPN）的方式建立专网。专网可以有效隔离外部网络的干扰，防止未经授权的访问。

在专网的建设过程中，需特别注意数据加密和访问控制机制的设计。数据加密可以确保在传输过程中，敏感信息不会被第三方窃取或篡改。访问控制机制则可以通过用户身份认证，限制只有经过授权的用户才能访问专网内的数据和系统，从而进一步提高数据的安全性。

七、数据导入方法

数据导入是数据中心建设中的关键环节，其主要任务是将各个业务系统中的数据整合到统一的数据平台中，实现数据的集中管理和共享。常用的数据导入方法包括以下几个方面：

第一，EDI（电子数据交换）。EDI 是一种通过标准化格式进行数据交换的技术。它能够在不同系统间自动传输数据，无须人工干预。然而，EDI 的缺点在于其格式不够灵活，且成本较高，仅适用于标准化的数据交换场景。

第二，中介层。中介层是一种数据转换应用程序，能够将不同系统的数据格式转换为同一格式。这种方法适用于特定系统间的数据交换，但其扩展性较差，难以适应大规模的数据交换需求。

第三，数据仓库。数据仓库是一种集中管理数据的方式，能够提高数据的管理效率。然而，由于数据仓库中的数据通常是批量导入的，其交互性较差，通常难以实现实时数据处理。

第四，中间数据。中间数据是一种通用的数据格式，能够在不同系统间实现数据的实时交换和处理。通过中间数据，数据中心可以实现不同业务系统间的无缝连接，适用于需要频繁交换数据的场景。

综上所述，数据导入方法的选择应根据数据中心的具体需求和业务特点进行综合考量。为了进一步提高数据的整合性和共享水平，建议建立数据交换中心或公共信息数据库。这样不仅能够提高数据管理的效率，还能够为智慧校园的全面建设提供有力支持。

第二节　网络环境

在当今“万物皆媒”时代，物联网、云计算、移动互联、虚拟化等技术应用越来越广泛，而智慧校园概念的提出，更加强了现代科技与校园管理的结合，“在校园建设管理过程中，智慧校园网络环境设计逐步成为建设重点”[①]。基于此，十分有必要就当下智慧校园网络环境总体设计构建情况和优化措施进行探析，以期促进校园管理向着更加智慧化的方向发展。

一、网络升级与需求分析

随着教育信息化的发展，智慧校园建设已成为现代教育的重要组成部分。作为智慧校园的基础支撑，网络环境的质量直接影响着教学、管理和科研等活动的顺利进行。在智慧校园的初期基础建设中，网络升级与需求分析也是

① 邓德平．智慧校园网络环境设计与设计方案探究［J］．数码世界，2019（8）：128.

不可或缺的环节。网络升级的首要任务是深入了解用户需求、业务需求及网络规模。用户需求分析包括师生的日常网络使用行为和对网络服务的期望；业务需求则涉及学校内部各类信息系统对网络带宽、速度、安全性及稳定性的要求。在此基础上，需为智慧校园建设提供一个高带宽、安全、可靠、稳定且具备可扩展性的校园网络。

网络升级的目的不仅是要提高网络的传输速度，还要为日益增长的智慧应用提供坚实的基础设施支持。特别是在教学和管理系统中，高清视频会议、虚拟实验室、云端办公等智慧应用对网络环境提出了更高的要求。因此，在网络建设过程中，必须充分考虑智慧校园中业务类型的多样性及其对带宽、延时、抖动等网络性能的要求。通过精准的需求分析，确定网络设备的更新与布局，合理分配带宽资源，优化网络结构，以确保网络的承载能力和可扩展性能够满足未来的发展需求。

二、认证与安全措施

在智慧校园的网络环境中，认证与安全措施是保障网络运行安全的关键。传统的 802.1X 客户端认证方式虽然在某些情况下可以提供较为严格的认证机制，但其使用过程较为复杂，且对部分设备的兼容性存在问题。因此，采用更为方便的 Web 认证方式已逐渐成为校园网络安全建设的主流趋势。Web 认证方式通过浏览器进行身份验证，简化了用户的操作流程，减轻了客户端软件的安装与维护负担，极大地提高了用户体验。同时，对于校园网络中一些特殊设备的接入需求，如打印机、监控摄像头等，需要分配固定的 IP 地址并采取专门的安全防护措施，以确保这些设备能够稳定接入网络，避免遭受恶意攻击。

安全认证措施的升级不仅体现在用户身份验证的便捷性上，还需要考虑多层次的安全防护体系。对接入设备的准入控制应确保只有经过授权的设备和用户才能访问校园网络，并且需要采取严格的访问控制策略，对敏感数据进行加密传输。同时，针对不同类型的网络用户，应设计差异化的访问策略，以实现网络安全性与灵活性的平衡。

三、网络安全管理

在智慧校园的网络环境中，网络安全管理是确保整个网络系统稳定、可靠运行的重要环节。网络安全管理的重点包括服务器、网络设备和用户行为的安全管理。首先，服务器作为校园内各类应用系统的核心平台，其安全性至关重要。因此，部署高性能防火墙、防病毒软件以及入侵检测系统是保障服务器安全的基本措施。其次，针对局域网内常见的安全威胁，如 ARP 攻击、DDoS 攻击等，网络设备应具备快速检测和响应的能力，通过实时监控流量异常和实施网络隔离，避免恶意攻击蔓延。

此外，上网行为审计也是网络安全管理中的重要内容。通过对用户的网络行为进行记录和审计，不仅可以发现潜在的安全风险，还可以有效规避非法行为的发生。行为审计系统应涵盖对网络访问日志、文件下载、邮件往来等关键活动的记录，并确保数据的完整性和安全性。在必要时，管理者可以依据审计结果采取针对性的管理措施，如调整访问权限、强化用户身份认证等，从而为校园网络环境提供全方位的安全保障。

四、骨干网络改造与扩容

随着智慧校园应用规模的不断扩大，原先的校园骨干网络面临设备陈旧、性能不足等问题，已无法满足现代教学、科研及管理的需求。因此，对骨干网络进行改造与扩容也成为智慧校园基础设施建设的重要任务之一。首先，需更换网络中陈旧的设备，提升骨干网络的整体性能。老旧设备的处理能力和带宽支持有限，难以适应高流量、高并发的网络需求，容易导致网络拥堵、延迟及数据丢失等问题。其次，扩容出口带宽是提高用户网络体验的关键措施之一。智慧校园中的各种高带宽应用，如高清视频会议、在线实验室等，对网络出口带宽提出了更高要求。因此，校园网的出口带宽扩容应根据实际的业务需求，合理规划带宽使用策略，保障网络的高效传输。最后，骨干网络的冗余设计也是提升网络稳定性和可靠性的重要手段。通过冗余链路、负载均衡等技术，确保网络在部分节点出现故障时，依然能够保持正常运行，避免单点故障导致的网络中断问题。

五、网络设计的原则

网络设计是智慧校园网络建设中的核心环节，其设计原则应充分考虑未来网络的发展需求。

第一，可靠性原则。可靠性原则是指要确保网络能够在各种环境下稳定运行。这需要通过冗余设计、容灾备份等措施提升网络的抗风险能力，以应对设备故障、网络攻击等潜在威胁。同时，先进性也是网络设计的重要原则。

由于网络技术的发展日新月异，智慧校园的网络设计应尽可能采用前沿的技术，确保网络能够适应未来的技术演进。

第二，安全性原则。校园网络中有大量的个人数据和重要信息系统，对其安全性要求极高。因此，网络设计应重点考虑防火墙部署、入侵检测、加密传输等安全技术，确保数据的保密性和完整性。此外，网络设计的可扩展性原则要求网络结构具有足够的灵活性，以应对未来业务增长和需求变化。通过合理的设备选择和规划，可以确保网络在不大幅调整硬件设施的情况下，能够轻松扩展其容量和性能。

第三，标准性原则。遵循标准化的设计方案，不仅能够提高网络的兼容性与可维护性，还能够减少因定制化设计带来的复杂性和维护成本。采用符合行业标准的设备和协议，以确保不同品牌和型号的设备能够无缝对接，提高网络的可操作性。

六、模块化分层设计

模块化分层设计是智慧校园网络建设中一种常见的设计方式。该设计方式通过将整个网络划分为若干功能模块，使不同模块各自承担不同的任务，从而实现网络结构的灵活调整和管理。网络分层设计一般包括核心层、汇聚层和接入层，各层次之间相互独立，便于进行独立的管理和维护。首先，核心层是校园网络的中枢，负责处理大量数据的高速转发和路由功能。核心层的设计应以高性能、高可靠性为主要目标，确保网络能够稳定高效运行。其次，汇聚层连接核心层和接入层，主要承担数据的汇聚与分发功能。汇聚层的设计应考虑到数据流量的优化，以减少数据在网络中的传输延迟，从而提高整体网络效率。接入层是用户设备直接连接的部分，其设计应以易用性和安全性为主，确保用户能够方便地接入网络，同时保证网络的安全性。

模块化设计的最大优势在于其灵活性。通过对不同功能模块的分工，可以在不影响整体网络结构的情况下，对单个模块进行调整和优化。这不仅有利于网络的扩展和升级，也方便了网络的故障排查。当某一部分出现故障时，网络管理员能够快速定位问题所在，缩短故障修复时间，提高网络的整体运行效率。

七、IP 和 VLAN 规划

在智慧校园的网络环境中，合理的 IP 地址规划是确保网络运行高效、管理便捷的重要环节。IP 地址规划应充分考虑网络性能和管理效率两个方面。首先，IP 地址的分配应与网络的结构相对应，不同子网应分配不同的 IP 地址段，以保证网络的层次分明，便于管理和维护。其次，IP 地址规划还应考虑未来网络扩展的需求，应为其预留足够的地址空间，以免在业务规模扩大时出现 IP 地址耗尽的问题。

VLAN 划分也是网络规划中的重要内容。通过 VLAN 技术，可以在物理上相连的网络设备中，创建逻辑上隔离的虚拟网络，防止广播风暴的产生，提高网络的安全性和稳定性。尤其在大型校园网络中，VLAN 划分可以根据业务需求、地理位置或部门进行分组，再将不同的用户和设备隔离在不同的 VLAN 中，从而实现网络的安全隔离和高效管理。此外，VLAN 划分还可以通过限制广播域的范围，减少不必要的广播流量，提高网络的传输效率。

八、路由协议选择

在智慧校园的网络环境中，路由协议的选择直接影响着网络的运行效率和可靠性。对于初期的校园网络建设，采用静态路由协议是较为常见的选择。静态路由具有配置简单、维护成本低的优点，适合网络规模较小、拓扑结构较为固定的场景。然而，随着校园网络规模的扩大和应用需求的增加，静态路由的局限性逐渐显现。例如，在网络拓扑发生变化时，静态路由需要手动更新，这也增加了维护难度。

因此，随着网络规模的增长和复杂性的增加，采用动态路由协议如 OSPF（开放式最短路径优先）成为提升网络处理效率和冗余保障的重要选择。动态路由协议能够根据网络拓扑的变化，自动调整路由表，确保数据包能够选择最优路径进行传输。此外，动态路由协议还具备较强的容错能力，当某一路径发生故障时，路由协议能够迅速选择备份路径，保证网络的高可用性和稳定性。

总而言之，智慧校园的网络环境建设是一个复杂而系统的工程，其核心在于通过合理的网络规划、科学的设计原则和有效的安全管理措施，构建一个高效、稳定、安全、可扩展的校园网络环境。

第三节　应用服务器管理与维护

智慧校园的初期基础建设是校园信息化发展的关键阶段，它决定了未来教育信息化平台的稳定性和扩展性。在这个过程中，应用服务器的管理与维护是重中之重。应用服务器不仅承载着大量的数据传输与处理任务，也需要保证系统的安全性和可靠性。因此，详细探讨智慧校园中应用服务器管理与维护的各个关键环节，能够为校园信息化建设提供重要的技术支持与理论依据。

一、Web 服务器日常维护

（一）服务器安装配置

在智慧校园的应用服务器管理中，安装配置 RAID 卡和 SISC 卡是保障数据安全和提高服务器性能的重要步骤。RAID 卡的使用能够实现数据的冗余和镜像，并确保在硬盘损坏时数据不会丢失。与此同时，安装最新的操作系统补丁以及自动更新管理也至关重要。这一过程有助于修复操作系统中的漏洞，防止黑客利用系统漏洞进行入侵。为了确保服务器的安全性，必须设置防火墙和杀毒软件，并进行定期的更新和升级。此外，服务程序的设置也是服务器日常维护中的一项核心任务。通过精确配置各类服务程序，能够保障服务器的正常运行。而远程注册表和共享管理的配置则有助于服务器的远程维护与管理，在保证数据共享的同时，能够有效控制访问权限，降低潜在的安全风险。

（二）Windows IIS 配置

IIS（Internet Information Services）作为 Windows 操作系统的核心组件之一，负责提供 Web 服务器服务。在安装 IIS 时，需要进行基础设置以及站点配置，包括路径的设置、端口的绑定、错误处理以及日志查看等。这些设置能够确保服务器稳定运行，并为后续的服务器管理提供有效的技术支持。错误处理和日志查看则是保证服务器稳定性的重要手段。通过及时查看错误日志，管理员可以迅速发现并解决服务器中的潜在问题，从而提升系统的安全性和可靠性。

（三）站点安全与配置

站点安全的首要任务是数据库配置和权限管理。数据库作为服务器中的核心数据存储系统，其安全性直接影响整个智慧校园系统的运行。因此，必须对数据库进行精细配置，确保数据访问权限的合理划分。上传目录的设置也是站点安全的关键环节，上传目录的不合理配置容易导致恶意代码的注入，从而影响整个站点的安全性。为了防止 SQL 注入攻击，管理员需要对数据库输入进行严格的过滤，并定期进行日志分析，以便发现潜在的安全威胁。此外，定期的备份和磁盘整理可以有效预防数据丢失，提高服务器的运行效率。

二、SQL 服务管理

SQL 服务管理是智慧校园服务器维护中的另一核心任务。数据库作为信息化校园的“数据中枢”，其管理与维护至关重要。首先，服务器的数据库系统需要定期安装新补丁，关闭不必要的端口，删除危险文件，以确保数据库的安全性和稳定性。在数据库维护过程中，设置安全密码是防止非法访问的第一道防线。管理员需要使用强密码，并定期更换密码，以增强数据库的安全性。其次，存储数据的管理也尤为重要。通过合理设计数据库结构，可以有效减少数据冗余，提高数据查询的效率。最后，管理员需要定期对数据库进行优化，如索引重建、数据压缩等操作，以进一步提升数据库性能。

三、DNS 服务管理

在智慧校园网络环境中，DNS 服务是域名解析的重要组成部分。LINUX 系统下的 DNS 服务配置与管理在应用服务器维护中具有举足轻重的作用。通过配置 DNS 服务，能够确保校园内各系统间的网络通信顺畅无阻。DNS 服务配置的关键在于正确设置域名与 IP 地址的对应关系，确保各类服务能够被快速定位和访问。除此之外，管理员还需要定期检查 DNS 服务的日志，排查潜在的安全隐患，并采取相应的防护措施，确保系统的安全性和稳定性。

四、安全防护措施

智慧校园应用服务器在日常运行中不可避免地会遭遇各种网络攻击。因此，安全防护措施的设计和应用至关重要。当网络受到攻击时，管理员需要迅速作出应对，通过查看服务器的开放端口、正在运行的服务、共享文件夹、进程以及用户状态，迅速定位问题根源。防火墙和杀毒软件的设置是防护的

第一道屏障，管理员应定期检查系统日志，以及时发现异常活动。使用网络监视器是对网络进行实时监控的有效手段，通过对网络数据包的分析，能够有效检测出潜在的入侵行为。通过这些措施，能够提升智慧校园应用服务器的安全性，确保系统在遭遇攻击时能够快速修复。

五、Web 站点巡查与优化

为了保障智慧校园 Web 站点的正常运行，定期的站点巡查与优化是不可或缺的。管理员需要对页面进行重复检查，确保站点的各个页面都保持一致性。此外，网页的样式规范和文件路径管理也是优化过程中的重要内容。为了确保站点的安全性，管理员需要对数据库配置进行详细说明，明确各项数据的访问权限，防止未经授权的访问。与此同时，管理员还需要对站点进行安全防护设置，包括对 SQL 注入的过滤、上传功能的限制等，以提升站点的安全性和防护能力。

六、系统的常用命令

在日常的服务器管理过程中，熟练掌握 Windows 和 Linux 系统中的常用命令操作对于管理员而言同样至关重要。通过命令行，管理员可以轻松实现启动或关闭服务、查看端口状态、权限设置、进程管理、远程连接等操作。这些命令的灵活应用可以极大地提高服务器管理的效率，减少因操作失误导致的系统问题。

七、服务器管理人员相关知识

为了确保智慧校园服务器的高效运行，服务器管理人员需要具备广泛的专业知识。管理人员应对 HTTP 状态码有充分的了解，掌握各种状态码的含义，以便迅速排查 Web 服务器中的问题。编码与解码是数据传输过程中不可或缺的步骤，管理人员需要熟悉不同编码格式的应用场景，并能熟练进行加密与解密操作。在数据库管理方面，熟练使用 MySQL 和 Oracle 等数据库管理系统，能够提升服务器管理效率。同时，管理人员还应掌握远程桌面和 SSH 的应用，确保服务器在远程情况下的也能正常维护与管理。

八、网络受限制问题解决

在智慧校园的网络环境中，网络受限制问题的解决是保证系统正常运行的关键。通过802.1x认证后的IP获取和网络恢复方法，可以帮助管理员迅速解决网络受限问题，确保各类服务器与终端设备能够顺利访问网络资源。

九、网站建设技术规范

智慧校园的Web站点建设离不开网站建设技术规范的指引。编程语言的选择是建设站点的基础，根据实际需求选择合适的语言能够提高开发效率和站点性能。数据库的选用则决定了数据的存储与处理方式，管理员应根据数据量和访问频率选择合适的数据库系统。此外，字符编码和文件权限的配置也是技术规范中的重要内容。为了确保站点的安全性，管理员需要进行严格的安全设计，防止XSS攻击和SQL注入，同时还要加强用户管理和日志功能的应用。

十、网页设计要求

在智慧校园的Web站点建设中，网页设计要求同样不可忽视。网页的宽度、风格和布局需突出校园特色，符合国内外审美标准。同时，设计应避免过于复杂的布局，确保页面简洁明了，从而提升用户的使用体验。

综上所述，智慧校园的初期基础建设是校园信息化发展的重要阶段，应用服务器的管理与维护是其中的核心任务。通过对Web服务器、SQL服务、DNS服务以及安全防护措施的有效管理，能够确保智慧校园信息化系统的稳定运行。同时，站点巡查与优化、常用命令的掌握以及网站建设技术规范的遵守，都为服务器的管理与维护提供了技术保障。

第四节　网站建设技术规范

随着信息化技术的迅速发展，智慧校园的建设已成为当今教育信息化的重要组成部分。网站作为智慧校园信息服务的核心窗口，其技术规范的制定直接关系校园信息化的成功与否。在智慧校园的初期基础建设过程中，网站建设技术规范的科学制定与严格执行同样至关重要。

一、系统平台要求

智慧校园的网站建设必须基于现代化的信息技术，确保系统的稳定性、

可扩展性和安全性。在选择技术架构和平台时，需综合考虑开发的灵活性、维护的便捷性以及数据存储的安全性等关键因素。

（一）编程语言与服务器

在智慧校园网站的开发过程中，编程语言和服务器系统的选择直接决定了系统的运行效率与稳定性。PHP 作为一种高效且易于学习的编程语言，被广泛应用于网站开发中。PHP 的优势在于其与多种数据库系统的兼容性强，同时具有跨平台特性，能够在 Unix、Windows 等操作系统上平稳运行。特别是在智慧校园的网站建设中，服务器系统优先选择 Unix，主要原因在于 Unix 系统以其出色的稳定性和安全性而著称。为了确保网站能够在正式运行时无缝工作，必须在 Unix 系统上进行全面测试。通过这种方式，可以预见并规避可能出现的兼容性问题。

（二）数据存储

数据是智慧校园系统中最重要的资产之一。网站的数据存储方式需根据实际需求进行合理选择。在某些情况下，文件形式的存储方法简单有效，尤其是在数据量较小或无须复杂查询操作时。然而，随着智慧校园信息化建设的推进，数据库的应用不可避免。因此，MySQL 成为数据库管理的优先选择。MySQL 以其开源、易于维护和查询速度快的特点，在智慧校园的网站建设中有着广泛应用。此外，所有数据必须以 UTF-8 编码保存，以确保系统能够支持多语言环境并处理国际字符，这对国际化学校的网站建设尤为重要。

（三）数据库备份

智慧校园中的数据备份关系数据的安全与可恢复性，尤其在网络攻击、硬件故障或人为错误的情况下，数据库的备份至关重要。MySQL Administrator 工具是一种专业的数据备份与管理工具，通过该工具可以对数据库进行定期备份，确保数据的安全性与完整性。为了降低系统灾难恢复的时间和成本，建议在数据库管理过程中实施自动备份策略，同时定期检查备份文件的可用性与完整性。

（四）路径规范

网站代码的路径规范是确保系统可维护性和移植性的重要手段。在智慧校园网站建设中，要求所有代码的目录结构必须使用相对路径。相对路径的优点在于它与当前文件所在位置相关，而不是固定于某一特定的文件系统位置。通过这种方式，网站系统的移植和部署将更加灵活，无须针对不同的服务器环境调整路径设置。

（五）权限设置

文件与目录权限的合理设置是确保网站安全性的关键措施之一。智慧校园网站中存储的文件和目录需进行严格的权限控制。上传目录通常为网站与用户之间的交互接口，因此必须设为可写权限。然而，其他系统文件和目录则应设置为只读权限，以防止未经授权的修改。此外，所有文件的权限设置需附带详细的安装说明，确保运维人员在部署过程中能够准确执行权限配置。

（六）安全检测

网站的安全性不仅依赖于权限设置，还需通过全面的安全检测来保障系统免受外部攻击。在智慧校园的建设中，安全检测应作为网站上线前的必备环节。所有网站功能在提交测试之前，都需进行安全漏洞排查，特别是防止常见的安全问题如跨站脚本攻击（XSS）和 SQL 注入。这些漏洞一旦被发现，网站必须立即停用，并进行修复。安全测评报告是保障安全检测过程透明化的必要文件，应当提供给管理人员进行审核与存档。

（七）PHP 代码要求

PHP 代码的书写质量直接影响网站的维护成本与运行效率。为了确保代码的可读性与维护性，智慧校园网站的 PHP 代码必须完整，且不允许使用简写形式。代码的简写虽然能够在短期内加快开发进程，但会降低代码的可读性与扩展性，不利于后续的维护和功能升级。因此，所有代码需严格按照规范书写，注释清晰，逻辑结构简单，便于后续开发人员快速理解与修改。

二、功能与安全性要求

网站的功能设计直接影响用户体验与管理的便利性，而安全性则是确保网站长期稳定运行的基础。智慧校园网站在功能设计上应充分考虑用户需求，特别是权限管理、内容管理与互动功能等方面。同时，安全性要求需贯穿系统开发的整个周期。

（一）用户管理

智慧校园网站的用户管理功能不仅是信息安全的重要保障，也是系统合理分配权限、避免信息泄露的关键。用户管理系统应具备分级权限的功能，以便为不同级别的用户分配相应的操作权限。同时，网站需设计唯一登录入口，以避免用户通过非正常途径访问系统，从而保障系统的整体安全性。用户权限的分配和管理应由专门的系统管理员负责，以确保权限的合理划分和操作权限的精确控制。

（二）安全性

网站的安全性是智慧校园稳定运行的基本保障。任何安全漏洞的存在都可能导致信息泄露、系统瘫痪甚至遭受经济损失。因此，智慧校园网站在开发和运营过程中必须重点防范常见的安全漏洞，如跨站脚本攻击（XSS）、SQL 注入等。这些漏洞不仅会影响用户体验，还会给校园数据带来不可估量的损害。一旦发现安全漏洞，网站应立即停止相关功能的使用，全面整改漏洞并进行安全检测，确保漏洞修复的彻底性。

（三）内容管理

智慧校园网站应具备灵活的内容管理功能，以减少系统的维护成本。内容管理系统（CMS）的设计应允许管理员随时修改网站上的文章、栏目、菜单等，确保信息的及时更新与准确发布。这样不仅可以提升用户的浏览体验，还可以减轻技术人员的维护负担，降低系统的运营成本。

（四）模板设计

模板设计的灵活性直接关系网站的视觉表现与用户体验。智慧校园网站的模板设计应具备高度的可配置性，允许管理员根据学校的业务需求随时调整栏目与布局。通过对模板的灵活设计，网站不仅能够快速适应变化，还能够保证页面结构的清晰性与信息的有效传递。

（五）统计与日志功能

数据的统计与日志记录是智慧校园网站优化与管理的重要工具。点击率统计功能可以帮助管理者了解用户的浏览量，为网站内容的优化提供数据支持。同时，日志功能可以记录网站的运行状况和用户的操作行为，为故障排查和安全审计提供有力证据。因此，智慧校园网站必须具备完善的统计与日志功能，确保系统运行的透明度与可追溯性。

（六）自定义栏目

智慧校园网站的栏目设计应具有高度的灵活性，以适应不同业务需求的变化。网站管理者应能够根据校园的实际需求自定义栏目，并对栏目内容适时进行调整。这不仅能够提高网站的灵活性，还能够通过有效的栏目设计提升用户的访问体验。

（七）互动功能管理

互动功能是现代校园网站增强用户黏性的关键所在，如论坛、留言板等功能能够促进校园师生之间的交流。然而，互动功能的设计必须具备内容审核机制，特别是在论坛或留言板等公开平台上，管理员应定期进行内容预审与审核，确保发布的内容符合网络和校园管理规范，避免不良信息的传播。

三、版面设计要求

网站的版面设计不仅影响用户的浏览体验，也反映了学校的文化与特色。智慧校园网站的版面设计应遵循现代审美标准，同时结合学校的实际需求，确保页面布局合理、风格独特。

（一）网页宽度

网页宽度的设置需同时考虑用户使用的多种终端设备，包括台式电脑、笔记本、平板以及智能手机等。响应式设计是智慧校园网站设计中不可或缺的环节，通过自动调整网页宽度，网站能够适应不同分辨率的屏幕，保证在各种设备上都能为用户提供一致的场景浏览体验。特别是随着移动设备的普及，网页设计需充分考虑移动端用户的需求，通过灵活的布局设计提升用户在不同场景下的使用体验。

（二）设计风格

智慧校园网站的设计风格应具备独特的校园特色，同时符合中外用户的阅读与审美习惯。校园网站不仅是信息传递的工具，也是展示学校文化、理

念与形象的窗口。设计风格应在确保视觉美观的同时，突出学校的教育理念与文化氛围。例如，国内高校网站可以通过色彩、图案等设计元素传递中国传统文化的气息，而在国际合作院校的网站设计中，则需考虑国外用户的阅读习惯与审美偏好，通过简约、明快的设计风格来增强用户的亲切感与易用性。

（三）布局结构

网站页面的布局结构直接关系用户的浏览体验与信息获取效率。智慧校园网站的布局设计应简洁明了，遵循“内容优先”的原则，避免杂乱无章的页面设计。合理的布局结构应包括清晰的导航栏、明确的内容区域和简洁的交互设计，确保用户能够快速找到所需信息。此外，图文的排版应避免过度使用图片或过多文本堆积，做到图文平衡、重点突出。视觉设计的和谐能够有效提升用户体验，避免因为过于复杂的页面设计而导致信息传递效率的下降。

在设计过程中，需注意确保主次分明，首页的布局应突出重点信息，如学校的重大新闻、通知公告、学术活动等，而次要信息则可以通过子页面进行展示。通过合理的内容分布与页面排版，网站能够在视觉上显得清爽简洁，并能够最大化利用页面空间。

（四）颜色与字体

色彩搭配和字体选择是智慧校园网站设计中不可忽视的细节，它们直接影响用户的视觉体验与情感感知。在颜色方面，网站的主色调应与学校的文化符号相契合，传递出独特的校园文化氛围。使用色彩时需注意避免过于鲜艳或过度繁杂的色彩搭配，确保页面的整体视觉效果舒适、自然。在字体选择上，网站需选择易于辨认和阅读的字体，确保文字内容清晰可辨，同时避免过多使用花哨的字体样式，以免影响用户的阅读体验。

在设计多语言版本的校园网站时，需考虑不同语言字体的兼容性和阅读习惯。例如，中文字体应注重字形的结构和线条的平衡，而英文字体则更注重字体的简洁与易读性。通过对颜色与字体的合理运用，网站能够有效提升用户的视觉体验，同时更好地传达校园文化与理念。

综上所述，网站建设作为智慧校园初期基础建设的重点工程，不仅需要技术的支持，还需综合考虑用户体验、安全性和维护的便捷性等因素。在网站设计和开发的过程中，管理者和技术人员应密切配合，确保系统的高效、安全运行，为智慧校园的基础建设打下坚实的基础。在未来的智慧校园发展中，网站建设将继续发挥重要作用，通过不断更新与优化，进一步提升校园的信息化水平，推动学校的管理与教学向着更高效、更智慧的方向发展。

第五节　站群建设

智慧校园的建设是高校信息化发展的重要组成部分，而站群系统作为智慧校园初期基础设施建设的关键，具有重要的战略意义。通过站群系统的建设，高校能够有效解决信息孤岛现象，实现统一管理和资源整合，提升信息化水平。

在当前信息化高速发展的背景下，高校网站作为信息发布和交流的重要窗口，其管理与维护直接关系信息的传播效率和用户体验。然而，传统的高校网站往往存在信息孤岛现象，即由于各个二级单位网站独立存在，难以实现有效的信息共享和统一管理。这种分散的管理模式不仅增加了维护成本，还导致了信息的不一致性和重复性，甚至产生了安全隐患。针对这些问题，站群系统应运而生。

站群系统通过统一的标准和技术构架，集中管理高校的二级站点，实现了网站内容的统一规划和维护，提升了管理效率和业务能力。具体来说，站群管理系统的功能涵盖了站点管理、内容管理、单点登录、全文检索、信息共享等多个方面。通过站群系统，管理者可以在统一的平台上对各二级单位网站进行集中管理，无须逐一登录各站点后台，极大地简化了管理流程。

站群系统还能够通过统一的技术标准和安全机制，确保网站的稳定运行和数据安全。对于高校而言，站群系统不仅提升了网站的管理水平，还增强了其业务处理能力，有效支持了各类信息化应用的顺利开展。

尽管站群系统在提高高校网站管理效率和信息化水平方面展现出诸多优势，但国内高校在站群建设方面的发展仍处于初级阶段。部分高校已经认识到站群系统的重要性，并在实践中逐步建立了站群平台。然而，大多数高校的站点仍然处于分散管理状态，各个二级单位自主开发和维护各自的网站，缺乏统一的技术标准和安全规范。这种分散的管理模式导致了多个问题的出现，包括技术不统一、管理困难、安全隐患和资源浪费等。首先，分散的站点管理模式使得技术标准难以统一，不同站点使用不同的技术框架和管理系

统，造成了维护上的不便。各个站点的技术架构差异也增加了系统对接和信息共享的难度。此外，分散管理还导致了信息更新不及时、重复建设、数据冗余等问题，降低了资源的利用效率。其次，分散的管理模式还会带来安全隐患。各个二级单位独立维护网站，缺乏统一的安全防护措施，容易遭受网络攻击或数据泄露。特别是在面对复杂的网络安全形势时，分散的管理模式无法提供有效的安全保障机制，增加了安全风险。最后，资源浪费也是高校网站分散管理中的一个突出问题。由于各个二级单位分别建设和维护自己的网站，往往造成服务器资源的浪费以及重复投资。站群系统通过统一平台的方式，可以集中资源，避免重复建设，有效提高服务器空间的利用效率。

一、站群建设的优点

站群系统在高校网站建设中的优势体现在以下方面：

第一，站群系统技术含量高，采用了先进的技术框架和管理方式，能够支持多种平台和终端的应用需求。通过站群系统，管理者可以更加方便地维护和管理各个二级站点，实现网站管理的智能化和集约化。

第二，站群系统具备高水平的安全保障能力。通过统一的安全管理机制，站群系统能够有效防范网络攻击，确保网站的安全稳定运行。各个二级站点在统一平台下进行管理，安全漏洞和安全防护措施可以得到及时统一的处理和升级，降低了网络安全风险。站群系统的操作简单、便捷，也降低了技术门槛。即使没有深厚技术背景的管理者也能够轻松上手，快速对各个站点进行管理和维护。通过直观的管理后台和简单的操作界面，站群系统极大地提高了管理效率。

第三，站群系统节约了服务器空间和维护成本。由于站群系统采用了集中的管理模式，各个二级站点共用一个统一的服务器资源池，避免了重复的服务器部署和数据存储。备份系统也更加灵活，能够实现自动化的备份和恢复功能，降低了数据丢失的风险。

第四，站群系统支持二级站点的自由建设，充分考虑高校各个二级单位的个性化需求。通过站群平台，二级单位可以根据自身的特点和需求，自由构建个性化的站点，同时仍然能够享受到统一管理和维护的便利。这种自由度与集中管理相结合的模式，不仅满足了不同单位的个性化需求，也实现了对网站整体管理效率的提高。

二、站群需求的分析

在进行站群系统建设时，高校应当首先进行详细的需求分析，以确保系统能够满足学校信息化发展的实际需求。高校网站的建设不仅是信息发布的需求，还涉及复杂业务系统的对接与整合。因此，站群系统的建设需要在满足基础信息管理需求的同时，兼顾多方面的系统集成与信息共享。

第一，高校站群系统的建设应当具备统一管理的功能，实现对各二级单位网站的集中管理和维护。通过建立一个统一的管理平台，管理者可以集中对各个二级站点进行管理，减少维护的复杂性。同时，系统还应支持站点内容的统一发布和信息共享，从而确保各个站点之间的信息一致性和数据流通性。

第二，站群系统应当与高校内部的各类业务系统实现对接与集成，如教务系统、办公系统、科研管理系统等。通过站群系统的建设，高校能够实现各类业务系统的数据互通，避免信息孤岛现象的再次出现。例如，教务系统中的课程信息可以通过站群平台自动更新到各个院系网站，减少了重复数据输入的工作量，提高了信息的更新效率。

第三，需求分析中，还应充分考虑系统的可扩展性。随着高校信息化建设的不断推进，未来可能会出现新的业务需求和技术发展。站群系统应具备良好的可扩展性，能够适应未来技术的升级和业务需求的变化，确保系统具有长期的使用价值。

三、站群设计的原则

在站群系统的设计过程中，应遵循以下设计原则，以确保系统的功能性、稳定性和安全性。

第一，站群系统应遵循跨平台性和技术先进性原则。由于高校的用户群体多样，设备使用习惯各不相同，站群系统需要能够支持不同的操作系统和设备，包括 PC 端和移动端。技术先进性则要求系统采用当前主流的技术框架和开发工具，以确保系统的高效运行和维护便利性。

第二，站群系统应遵循安全性原则。高校网站面临着复杂的网络安全威胁，因此系统在设计时必须考虑数据的加密传输、用户权限管理、身份认证等多层次的安全防护措施，确保系统在面对攻击时能够有效防范，并保障数据的完整性与保密性。

第三，站群系统应遵循实用性和标准性原则。实用性要求系统功能应符合高校的实际业务需求，不能过于复杂或冗余。标准性则要求系统在设计时应遵循行业标准和规范，确保系统的兼容性和互操作性。

第四，站群系统应遵循稳定性与开放性、可扩展性原则。稳定性要求系统在高负载和长时间运行下仍能保持稳定，不出现崩溃或性能下降的情况。开放性与可扩展性则要求系统能够灵活接入第三方应用，并在未来能够根据需求随时进行功能扩展。

第五，站群系统应遵循可管理性原则。可管理性原则要求系统的后台管理功能简洁易用，便于管理者进行操作和维护。通过直观的管理界面和全面的管理功能，站群系统能够实现对站点内容、用户权限、系统日志等方面的全方位管理，提升管理的便利性。

通过站群系统，高校能够有效解决传统网站管理中的信息孤岛问题，实现站点的集中管理和维护，提高资源利用率和信息共享水平。站群系统在技术、安全、管理等方面的优势，也为高校信息化建设提供了强有力的支持。与此同时，站群系统的建设也为智慧校园的发展奠定了坚实的基础，推动了高校信息化建设的深入发展。

第六节　网络安全

随着智慧校园建设的初期基础设施逐步完善，网络安全问题显得尤为重要。高校作为社会信息化程度较高的机构，其信息系统承载着大量的科研、教学、管理等数据，保障这些信息的安全不仅是对技术层面的挑战，更是关系学校核心利益和社会责任的重要任务。在智慧校园的构建过程中，网络安全的管理和技术防护成为基础建设的重要一环，需要对潜在的网络威胁有清晰的认识，并通过不断完善的安全措施进行有效防御。网络安全涵盖多个层次，包括数据加密、防病毒等，其最终目标是确保信息系统的完整性、保密性和可用性。

一、网络安全的重要性

随着智慧校园系统的集中化建设，数据中心逐渐成为整个校园信息系统的核心，这使得网络安全的保障变得更为紧迫和复杂。高校信息系统的数据中心不仅承载着大量的学术资料和科研成果，还包括师生的个人信息、财务信息以及学校管理的机密数据。这些数据的集中化存储使其成为网络攻击的重点目标。因此，网络安全的首要任务在于既要防止外部攻击和恶意入侵，又要防止病毒和恶意软件的传播，确保数据在传输和存储过程中的加密与保护。网络安全问题的发生不仅会导致数据泄露和财产损失，还可能对学校的声誉造成严重损害。

在智慧校园的建设过程中，防病毒技术、防入侵技术以及数据加密保护技术的应用是网络安全的重要组成部分。通过多层次的防护措施，确保信息系统免受外部的恶意攻击，同时应加强数据加密技术，防止数据在传输和存储过程中被窃取或篡改。高校的网络环境复杂，开放性和共享性较强，这也对网络安全提出了更高的要求。任何一个系统的薄弱点都有可能成为入侵的突破口，因此，网络安全在智慧校园的建设过程中是一个必须持续关注和强化的领域。

二、网络威胁与防御

计算机网络技术的发展和普及为信息化建设带来了诸多便利，但也伴随着各种网络威胁的增加。随着技术的进步，黑客攻击的手段也越来越多样化和复杂化，网络安全面临的风险呈现出逐年增加的趋势。高校信息系统所承载的数据不仅数量庞大、种类繁多，而且具有较高的敏感性，因此高校网络安全事件频发，给校园信息系统的安全管理带来了极大挑战。常见的网络安全威胁包括数据盗窃、病毒传播、系统破坏、拒绝服务攻击（DDoS）等。

面对复杂多变的网络安全威胁，高校在智慧校园建设过程中，必须建立起完善的网络防护体系。网络安全防护手段的多样性和灵活性成为应对各种攻击的重要策略。常见的防御措施包括系统加固、数据库加固和中间件加固等。在系统加固方面，主要是通过配置系统的安全策略，降低系统遭受入侵的风险。数据库加固则侧重于对数据的安全存储和访问控制，防止非法访问和数据泄露。而中间件加固则通过对应用服务器和通信协议的强化，减少攻击者通过中间件漏洞进行入侵的可能性。

三、系统加固技术

系统加固是网络安全防护中最基础的技术手段之一，其目标在于通过一系列的配置和优化操作系统，减少系统中的潜在安全隐患。具体来说，系统

加固的措施包括操作系统安全设置、账户和口令策略的制定、管理员账户的重命名、关闭不必要的服务和端口等。这些措施可以有效防止攻击者通过系统漏洞获取管理员权限或者访问系统中的敏感数据。

操作系统的安全设置包括定期更新操作系统补丁，确保系统的安全漏洞及时得到修复。系统的账户和口令策略要求用户设置强口令，并定期更换口令，防止因口令泄露而导致的安全问题。管理员账户的重命名是防止攻击者通过默认账户名进行猜测性攻击的有效手段，而关闭不必要的服务和端口则可以减少系统暴露在网络中的潜在攻击面。通过这些系统加固措施，可以显著提高操作系统的安全性，防止未经授权的访问和入侵行为。这种防护手段的有效性在于它能够最大限度地减少系统中的安全漏洞，这也为其他网络安全防护措施的实施提供了坚实的基础。

四、数据库加固

随着高校信息化建设的深入推进，数据库逐渐成为信息系统中的核心组成部分。数据库中存储着大量的核心数据，这些数据一旦遭到泄露或篡改，将会给高校带来严重的后果。因此，数据库加固是保障网络安全的关键环节。

数据库加固的方法包括漏洞扫描、补丁打包、权限管理、数据审计与分析等。漏洞扫描是通过专门的工具对数据库进行安全性检测，及时发现可能存在的漏洞，并通过打补丁的方式进行修复。权限管理则是通过严格的访问控制策略，确保只有经过授权的用户才能访问数据库中的敏感数据，以防止非法访问和数据窃取。

此外，数据审计与分析技术可以对数据库中的访问行为进行监控和记录，及时发现异常行为并采取相应的防护措施。这种技术不仅可以防止数据被非法窃取，还可以为后续的安全分析和审计提供数据支持。通过数据库加固，可以确保高校的信息系统在数据存储和访问过程中始终保持高度的安全性。

五、防火墙与入侵检测系统

防火墙和入侵检测系统（Intrusion Detection System，IDS）是网络安全防护中的两项核心技术。防火墙的主要作用是控制数据包的流入和流出，确保只有合法的数据包才能进入系统，防止未经授权的访问。防火墙可以根据预设的规则对网络流量进行过滤和控制，有效防止外部网络中的攻击行为。

入侵检测系统则是一种实时监控网络行为的安全防护系统，其主要任务是检测并阻止潜在的入侵行为。入侵检测系统通过分析网络流量中的数据包，及时发现异常行为，并发出警告或采取阻止措施。IDS 不仅可以发现外部的攻击行为，还可以对内部的异常行为进行检测，防止内部人员利用系统漏洞进行非法操作。

防火墙和入侵检测系统的结合使用，可以为校园网络提供更高级别的安全防护。防火墙负责基础的访问控制，而入侵检测系统则通过实时监控，确保网络中的一切异常行为都能够及时得到处理，进一步提高网络的安全性。

六、木马检测技术

木马攻击是网络安全中常见的攻击方式之一，其特点是通过伪装成合法程序，暗中控制用户的计算机系统，窃取数据或进行其他恶意操作。为了有效应对木马攻击，高校在智慧校园的建设过程中，需要采用多种木马检测技术。

木马检测技术包括特征码检测、MD5 哈希校验、启发式分析、虚拟机检测以及云检测等。特征码检测是通过比对已知木马的特征码库，识别出系统中存在的木马程序。MD5 哈希校验则是通过比对文件的哈希值，发现文件是否被篡改。启发式分析是一种智能化的检测技术，通过分析程序的行为特征，即可发现潜在的木马程序。

虚拟机检测技术是通过在虚拟环境中运行可疑程序，观察其行为是否符合木马的特征，从而进行识别。云检测技术则是通过将可疑文件上传到云端进行分析，利用大数据和云计算技术提高检测的准确性和效率。这些木马检测技术的结合使用，可以有效提高校园网络的安全性，防止木马程序的入侵和破坏。

七、SQL 注入防御

SQL 注入攻击是网络攻击中较为常见且危险的一种方式，其通过向应用程序的输入字段中插入恶意 SQL 语句，绕过应用程序的安全检查，从而获取数据库中的敏感信息或篡改数据。为了防止 SQL 注入攻击，智慧校园的信息系统需要采取一系列有效的防护措施。

常见的 SQL 注入防御措施包括 SQL 语句预编译、过滤特殊字符，以及前端防注入技术。SQL 语句预编译是一种将 SQL 语句与参数分离的技术，确保

攻击者无法通过注入恶意代码来修改 SQL 语句的执行逻辑。过滤特殊字符则是通过对用户输入的数据进行过滤，防止恶意字符被插入 SQL 语句中。

此外，前端防注入技术还可以在用户输入数据之前，通过正则表达式或其他技术手段对输入内容进行检查，确保输入的数据不包含潜在的危险字符。通过这些防护措施，可以有效避免 SQL 注入攻击，确保数据库的安全性。

八、安全管理意识

网络安全不仅是技术层面的问题，安全管理意识的提升也是保障网络安全的重要因素。高校网络管理员作为智慧校园网络安全的直接责任人，必须具备较强的安全防护意识和技术能力。他们不仅需要掌握最新的网络安全技术，还应及时了解和应对不断变化的网络安全威胁。

在网络安全管理中，管理员需要定期进行系统安全检查，及时修复系统漏洞，更新安全补丁。同时，还应加强对网络安全事件的监控和分析，及时发现潜在的安全威胁，并采取相应的防护措施。此外，网络管理员还需要经常在校园内进行安全教育和培训，提升全校师生的网络安全意识，确保校园网络安全得到全方位的保障。

智慧校园初期基础建设中，网络安全的保障是一个复杂且多维度的任务。随着信息化水平的不断提升，网络安全问题将成为智慧校园建设中不可忽视的重要内容。通过技术手段与安全管理意识的双重提升，能确保校园网络的安全性、可靠性和稳定性，将有助于为智慧校园的进一步发展奠定坚实的基础。

第三章　校园网络基础设施建设

第一节　校园网络工程架构设计与优化

校园网络工程架构设计与优化是一个复杂的、系统化的过程，涉及网络系统的集成、规划、设计、实施和管理的多个层面。“网络工程就是一种系统集成，准确地说，应该是网络系统集成，其中网络是基础设施，应用才是关键。”[①]为了确保校园网络能够满足用户需求，并具备高度的可靠性、安全性和可扩展性，网络工程的各个环节必须进行精细的设计和优化。

一、校园网络系统集成的认知

网络系统集成是校园网络工程的核心，涵盖了网络集成、主机集成和软件集成三个主要部分。在这一过程中，网络基础设施的建设是最为基础的，但应用的整合和优化才是最终的关键。校园网络不仅是一个物理网络设施的搭建，更是对多种网络设备、通信协议、网络管理软件和应用系统的有机融合。网络集成的目标是通过合理规划和设计，使各种网络资源可以高效地为用户服务，并支持多样化的业务需求。

主机集成主要涉及服务器的部署与管理。在现代校园网络环境中，服务器的功能不仅限于存储和处理数据，还包括了虚拟化、云计算以及对各类应用服务的支持。软件集成则更为复杂，需保证操作系统、中间件、数据库和各种应用软件能够协调运行。通过精细的系统集成设计，校园网络可以提供绝对稳定、高效的计算和通信服务，从而能支撑教育、科研和管理等多种需求。

① 于丽．校园网络基础设施建设的项目设计与实践［M］．天津：南开大学出版社，2017：1.

二、校园网络规划与设计阶段

校园网络工程的规划与设计是工程实施的前提和基础。设计阶段需要充分了解用户的具体需求，并在此基础上制订合理的网络架构方案。在进行设计时，必须考虑网络的性能需求、扩展性、安全性等多个方面。此外，网络规划与设计也应遵循一定的灵活性，因为在项目实施阶段，可能会遇到实际条件与初期设计不符的情况，此时需要根据实际情况进行合理的调整。例如，在设计网络拓扑时，初期规划可能根据校园建筑布局和用户需求选择了某种特定的结构，但在实际实施时，可能会因布线难度或设备部署位置的限制而需要调整拓扑结构。因此，设计阶段的一个重要任务是为项目后期的灵活调整留有余地，避免因为设计过于僵化而导致项目在实施中出现各种问题。

三、校园网络工程的设计步骤

校园网络工程的设计步骤是一个循序渐进的过程，通常包括以下关键环节。

第一，收集用户需求。这是设计阶段的起点，可以通过调研、访谈等方式了解校园内各类用户的需求，包括教师、学生、管理人员等对网络的使用场景和具体需求。

第二，评估现有网络。在新建或升级网络工程时，现有网络的评估至关重要。评估工作包括对当前网络设备的性能、网络带宽的利用情况、网络故障率及网络安全状况的分析。

第三，设计网络方案。根据用户需求和现有网络的评估结果，设计一个合适的网络方案。此时需要充分考虑业务应用的需求，如网络带宽、延迟、可靠性等，确保网络方案能够支撑未来一段时间内校园网络的扩展和优化需求。

四、校园网络拓扑结构的设计

网络拓扑结构是网络架构设计的基础部分，它决定了整个网络的布局、数据传输路径和设备互联方式。在校园网络中，常见的拓扑结构包括星形拓扑、网状拓扑、环形拓扑等。每种拓扑结构都有其特定的优势和适用场景，因此选择合适的拓扑结构至关重要。例如，星形拓扑具有结构简单、易于管理的优点，适合小型局域网络或网络规模较小的校园环境。然而，星形拓扑存在单点故障的风险，一旦中心节点发生故障，整个网络将受到影响。相比之下，网状拓扑虽然复杂度较高，但具备良好的冗余性和容错能力，适合大型校园网络或需要高可靠性的网络环境。

在设计校园网络拓扑结构时，还需考虑网络的层次性设计。通常采用核心层、汇聚层和接入层的三层结构，以实现网络的高效管理和资源优化分配。核心层负责高速的数据交换，汇聚层进行网络控制和策略管理，接入层则为终端设备提供接入服务。

五、校园网络方案设计的内容

校园网络方案设计不仅包括基本的网络架构和拓扑结构设计，还涉及详细的技术规划和实现策略。以下是网络方案设计中的关键内容。

第一，VLAN 设计。虚拟局域网（VLAN）是校园网络中常用的技术，通过逻辑划分网络，使得不同的部门、院系或办公区域能够在物理上共享相同的网络基础设施，而在逻辑上则实现独立的网络隔离。

第二，IP 地址分配。IP 地址的规划和分配是网络设计中的核心环节。一个合理的 IP 地址规划能够有效避免 IP 地址冲突，减少网络管理的复杂性。

第三，路由设计。路由器是连接不同网络段的关键设备。路由设计应考虑网络的规模、拓扑结构和流量需求，以确保数据包能够高效地从源地址传输到目的地址。

第四，可靠性设计。网络的可靠性设计包括冗余设计、链路备份和负载均衡等技术手段，确保网络在故障情况下依然能够保持一定的可用性。

第五，安全性设计。网络安全性设计涵盖了防火墙、入侵检测系统（IDS）、虚拟专用网络（VPN）等技术的部署，旨在防止外部攻击和内部泄密，从而保障网络的安全运行。

第六，布线设计。物理布线是网络设计中不可忽视的环节。布线设计需要根据校园的建筑结构、设备位置、通信需求等因素，合理选择布线方案，确保网络信号的稳定传输。

六、校园网络工程技术的选型

在校园网络工程中，技术选型是设计过程的关键步骤。技术选型不仅影响网络的性能，还决定了网络的扩展性、稳定性和安全性。以下是校园网络工程中常用的几种技术。

第一，主干网技术。主干网作为校园网络的骨干，其技术选型至关重要。常见的主干网技术包括 ATM（异步传输模式）和千兆以太网。千兆以太网具有较高的传输速率和较低的延迟，适合大规模数据传输；而 ATM 技术则具有良好的服务质量保证，适合多媒体传输。

第二，网络传输介质。网络传输介质的选择通常直接影响网络的性能和稳定性。常见的传输介质包括光纤和双绞线，光纤适合长距离传输且具有较高的抗干扰能力，而双绞线则成本较低，适合短距离的网络连接。

第三，交换机与路由器。交换机和路由器是校园网络中必不可少的设备。交换机负责局域网内数据的转发，而路由器则负责不同网络段之间的数据传输。在选型时，需根据网络流量、设备性能和扩展性需求进行合理选择。

第四，防火墙与服务器。防火墙是保障网络安全的关键设备，负责过滤不安全的数据流。服务器则是校园网络中的重要组成部分，负责存储、处理数据，并提供各类网络服务。

七、校园网络工程的项目实施流程

网络工程的项目实施流程需要从多个方面进行统筹和规划，以确保项目能够按期完成，满足预期目标。一般而言，校园网络工程的项目实施包括以下步骤。

第一，明确工程目标。在项目实施前，需明确项目的总体目标、技术标准和验收条件。工程目标包括网络的性能指标、安全标准以及用户需求的满足情况。

第二，理清项目关系。在实施过程中，项目管理团队需厘清各方的职责关系，包括项目设计方、施工方、设备供应方和用户之间的协作关系。

第三，获得支持和分析资源。项目的顺利实施不仅需要得到各级管理部门和技术支持团队的支持，还需要充分分析项目实施所需的各类资源，包括人力资源、设备资源和技术资源。

第四，制作详细工程说明书。工程说明书是项目实施的重要依据，内容包括网络设计方案、设备清单、施工步骤、技术标准等，确保工程实施有章可循。

第五，组建项目小组并制订工程计划。项目小组的组成需覆盖网络设计、施工、监理、测试等各个环节，并根据项目的整体规划制订详细的工程计划，确保项目实施的各个环节紧密衔接。

第六，实施项目并进行阶段性验收。项目实施过程中需按照计划逐步完成各项工作，并在每个阶段进行验收，以确保工程质量达到预期标准。

八、校园网络工程项目管理注意事项

校园网络工程项目管理是确保项目顺利进行并最终成功的关键环节。在项目管理过程中，需要注意以下几方面。

第一，关注客户需求。在整个项目实施过程中，客户需求应始终处于核心地位，工程的每个环节都需以满足客户的实际需求为导向。

第二，标准化操作。项目实施过程中需严格按照标准化流程进行操作，确保各个环节符合既定的技术标准和规范。标准化操作不仅可以提高工作效率，还可以有效降低项目实施中的错误率。

第三，避免不必要的变更。在项目实施过程中，变更是不可避免的，但不必要的变更会增加项目的复杂性，延长工期，甚至导致成本超支。因此，项目管理团队需严格控制变更的发生，只有在确实必要时才对设计方案进行调整，并确保变更过程符合标准化的变更管理流程。

第四，确保验收顺利。项目的最终验收是对整个网络工程质量的检验。在验收过程中，应严格按照事先制定的验收标准进行操作，确保网络性能、安全性、可扩展性等各项指标均达到预期要求。此外，验收还需包括对网络设备的功能测试、网络性能测试和安全性测试，确保网络能够在各种复杂应用场景下均能稳定运行。

校园网络工程架构设计与优化是一个复杂且多维度的过程，涵盖了从网络系统集成、规划设计到技术选型和项目实施的各个环节。在网络系统集成过程中，网络、主机和软件的协同工作是保障网络高效运行的基础。在网络规划与设计阶段，需根据用户的实际需求和现有网络情况制订灵活且可调整的设计方案。网络工程的设计步骤包括收集用户需求、评估现有网络、设计合理的网络方案，而网络拓扑结构的设计则需考虑网络的稳定性、安全性和扩展性。网络方案设计内容涵盖 VLAN、IP 地址分配、路由设计、网络安全性及布线设计等技术细节。

通过对校园网络工程的架构设计和优化进行精细规划，能够有效提升网络的可靠性、可扩展性和安全性，从而为校园内的教学、科研、管理等活动提供坚实的技术支持。这不仅有助于网络资源的高效利用，也为未来校园网络的升级和优化奠定了基础。

九、校园网络工程的具体优化策略

校园网络工程的优化涉及多方面的技术改进和管理措施，以确保网络系统的高效运行、稳定连接和安全性。在数字化校园建设过程中，网络的性能直接影响教学、科研以及行政管理等多个方面。下面从网络架构优化、带宽管理、设备更新、安全策略及网络管理五个方面详细阐述校园网络工程的具体优化策略。

（一）网络架构优化

网络架构是整个校园网络工程的基础，其优化能够显著提升网络的整体效率和稳定性。传统的校园网络架构通常采用分层设计，包括核心层、汇聚层和接入层。但随着网络规模的扩大和使用需求的增加，传统的分层结构可能出现“瓶颈”，影响数据传输效率。为了提升网络性能，网络架构的优化可以从以下方面入手。

第一，采用扁平化网络架构。扁平化网络架构通过减少中间层次，使数据在不同设备间的传输路径更短，从而减少延迟和丢包率。这种架构更加适合大规模的校园网络，尤其在数据流量集中于少数几个核心应用的情况下，能够显著提高数据处理效率。

第二，提升核心交换机的处理能力。在核心层，部署高性能、多端口的核心交换机，提升其数据处理和交换能力。高性能交换机能够支持更多的并发连接和更高的数据传输速率，确保整个网络的稳定运行。

第三，引入虚拟局域网（VLAN）技术。通过VLAN划分不同的网络区域，可以有效减少广播风暴，同时提升不同区域之间的网络隔离性，确保网络安全。VLAN的使用还可以提高带宽的利用效率，使网络资源分配更加合理。

（二）带宽管理

随着校园中互联网应用的广泛使用，带宽管理成为优化校园网络的关键。如何在有限的带宽条件下最大限度地提高网络传输效率，保障教学、科研等关键应用的正常运行，是优化策略的重要目标。

第一，动态带宽分配：根据实际使用情况，动态调整不同用户和不同应用的带宽分配。通过智能带宽管理系统，可以根据当前的网络流量，实时监控并自动分配带宽，确保一些关键应用（如在线教学平台、学术资源库等）获得优先的带宽支持，而非关键应用则在网络繁忙时自动限速。

第二，流量优化技术。通过应用流量识别技术（如深度包检测DPI），识别并区分各类网络流量的优先级。优先保障视频会议、数据传输等关键任务的带宽需求，同时限制娱乐类应用（如视频流媒体、在线游戏等）的流量使用，确保网络资源的合理分配。

第三，内容分发网络（CDN）优化。通过CDN加速技术，可以将大量静态资源（如教学视频、文件等）存储在离用户更近的服务器上，从而减少外部带宽的占用，提高资源访问速度。这种技术能够有效减轻网络核心部分的负担，提升用户的访问体验。

（三）设备更新与技术升级

校园网络的性能在很大程度上依赖于硬件设备的能力，因此定期的设备更新和技术升级是优化策略中不可忽视的重要环节。

第一，更新网络交换设备。随着网络流量的持续增长，旧有的交换机和路由器在处理能力和端口数量上可能无法满足现有需求。通过引入更高速、更高密度的交换设备，能够有效提升网络的吞吐量，减少网络延迟，保障大规模并发连接的稳定性。

第二，采用高性能无线接入点（AP）。随着无线设备的普及，无线网络成为校园网络的重要组成部分。为了提升无线网络的覆盖范围和连接质量，可以部署高性能无线AP，并采用双频或三频技术，支持更多的设备连接。同时，合理规划无线AP的布局，避免信号重叠和干扰，也能提高无线网络的整体性能。

第三，IPv6技术的推广应用。随着IPv4地址的枯竭，校园网络应逐步向IPv6迁移。IPv6不仅提供了更大的地址空间，还具备更好的安全性和可扩展性。通过部署IPv6路由器和支持IPv6的交换机，能够提升网络的未来兼容性，减少因地址冲突引发的网络问题。

（四）网络安全策略

随着校园网络规模的扩大和开放性增强，网络安全面临的挑战也日益严峻。因此，制定和实施有效的网络安全策略是优化校园网络工程的重要组成部分。

第一，多层次防火墙策略。通过部署多层次的防火墙，能够有效抵御外部网络攻击，防止恶意流量进入校园网络。在不同的网络层次（如核心层、汇聚层和接入层），分别配置不同的防火墙规则，确保从外部到内部的网络安全无缝衔接。

第二，入侵检测和防御系统（IDS/IPS）。通过部署 IDS/IPS，可以实时监控网络中的异常流量和可疑活动，及时识别并阻断潜在的安全威胁。与传统的防火墙不同，IDS/IPS 能够基于流量行为进行深度分析，对于未知威胁也能及时作出响应。

第三，网络访问控制（NAC）。通过 NAC 技术，校园网络可以针对不同类型的用户和设备进行精细的访问控制。NAC 能够根据用户身份、设备类型和安全状态，决定是否允许其接入网络，从而有效减少非法设备或未授权用户对网络的威胁。

第四，数据加密和备份策略。为了保护敏感数据的安全，应采用端到端的数据加密技术，确保在网络传输中数据不会被窃取或篡改。同时，还应制定定期的数据备份策略，确保在网络安全事件（如勒索软件攻击）发生时，能够及时恢复关键数据，保障网络的持续运行。

（五）网络管理与运维

有效的网络管理与运维是确保校园网络长期稳定运行的基础。通过优化管理流程和提升网络运维能力，能够及时发现并解决潜在的问题，保障网络的高效性和可靠性。

第一，网络监控系统。通过部署全局网络监控系统，管理员能够实时了解网络运行状况，包括流量状态、设备健康度、连接质量等。当网络中出现异常情况时，监控系统可以自动生成警报，帮助管理员及时采取措施，避免网络故障的进一步扩大。

第二，自动化运维工具。随着网络规模的扩大，手动运维已经无法满足高效管理的需求。引入自动化运维工具（如配置管理、故障检测等），能够极大地减少人工干预，提高网络运维效率。自动化工具可以定期对网络设备进行健康检查、自动生成维护报告，并在出现故障时自动修复或切换备份设备，从而减少网络停机时间。

第三，定期网络优化和升级计划。为了应对不断变化的网络需求，校园网络应制订长期的优化和升级计划。定期评估网络设备的运行状况，确定需

要更新或优化的部分。同时，根据新兴技术的发展，逐步引入更高效的网络设备和技术，确保校园网络始终处于技术前沿。

第二节　无线网络覆盖与安全管理

一、校园无线网络现状与需求

随着信息技术的迅速发展，校园无线网络已经成为高校教学、科研、管理和学生生活的重要组成部分。无线网络的普及使得学生和教师能够在任何时间、任何地点访问互联网资源，为他们的学习和工作提供了便利。然而，随着用户数量的增加和网络需求的多样化，校园无线网络在覆盖范围、网络质量、安全性等方面面临诸多挑战。

第一，校园无线网络的需求呈现出多样化趋势，不仅限于课件下载、学术资源访问等基础需求，还包括在线学习、远程会议、大规模数据传输、云计算应用等复杂场景。这种需求的增长要求无线网络具备更高的带宽和更稳定的连接，以确保不同类型的用户均能顺利使用网络资源。

第二，随着移动设备的普及，几乎每位学生和教职工都拥有多种智能设备，如智能手机、笔记本电脑、平板电脑等，这对无线网络的容量和稳定性提出了更高的要求。传统的无线网络架构在应对多终端高并发连接时，往往会出现网络延迟、信号覆盖不足等问题，严重影响用户体验。

二、校园无线网络的覆盖问题

无线网络的覆盖范围直接影响着用户的使用体验。由于校园的建筑复杂，教学楼、实验楼、宿舍楼、图书馆等区域各具特点，墙体、楼层结构等物理障碍会对无线信号产生不同程度的衰减，从而导致某些区域出现信号盲点或覆盖不均匀的问题。

第一，物理环境的影响。建筑物的密集程度、建筑材料的吸收和反射特性，以及不同楼层的高度差异，都会对无线信号产生干扰。例如，钢筋混凝土墙体和厚重的防火门对无线信号的阻挡效果明显，导致信号在某些区域的衰减更为严重。这种现象在宿舍区和实验楼尤为明显，学生在宿舍楼内移动时，可能会频繁出现信号中断的情况。

第二，无线信号的干扰。除物理环境的影响，校园内多种无线设备同时运行也会造成无线信号的互相干扰。诸如蓝牙设备、微波炉等电子设备，甚至其他无线局域网都会占用同一频段，导致出现信号拥堵和频率干扰问题。这种现象不仅影响信号强度，还会降低网络传输速度，严重影响教学和科研的正常进行。

第三，信号覆盖密度的不足。由于校园面积广阔，单个无线接入点（AP）的覆盖范围有限，无法完全覆盖所有区域，尤其是人流密集的公共区域，如礼堂、操场、食堂等。由于这些区域的用户数量众多，网络负载较大，信号覆盖不足将直接导致网络不稳定或连接失败的问题。因此，合理规划无线接入点的布局、增加覆盖密度，成为改善校园无线网络质量的关键。

三、校园无线网络的安全风险

随着无线网络的广泛应用，安全问题逐渐成为校园网络管理中不可忽视的一个方面。无线网络由于其开放性，容易受到各种类型的攻击，如中间人攻击、信号监听、身份仿冒等。此外，由于学生和教职工在网络中经常共享大量敏感信息，包括个人数据、学术资料等，因此无线网络的安全管理必须高度重视。

第一，未经授权的访问。由于无线网络的开放性，黑客可以轻松地扫描并尝试连接网络，特别是在没有强认证机制的情况下，未经授权的用户可以通过破解密码或利用其他方式进入校园网络系统，窃取敏感数据或进行恶意操作。这种未经授权的访问不仅威胁到个人隐私，还可能影响学校的管理系统，甚至导致网络瘫痪。

第二，中间人攻击与流量劫持。中间人攻击（Man-in-the-middle attack）是无线网络中常见的安全威胁之一。在这种攻击中，攻击者通过伪装成合法的接入点，拦截和篡改用户与服务器之间的通信数据。此类攻击不仅可能泄露用户的个人信息，如用户名、密码、电子邮件内容等，还可能破坏用户的正常网络行为，导致数据丢失或篡改。

第三，恶意软件与病毒传播。无线网络的共享性使得病毒和恶意软件的传播速度大幅提高。一旦校园内的某台设备被感染，恶意软件可以迅速通过网络传播给其他设备，造成大规模的网络瘫痪、数据丢失等问题。尤其是在没有及时更新安全补丁和防护软件的情况下，这种风险更为严重。

第四，信息泄露与隐私保护问题。校园无线网络中传输的数据包括大量个人隐私和学术信息，这些信息一旦被窃取，可能造成严重的后果。尤其是在未加密的网络环境中，用户的敏感信息（如账户密码、个人照片、通信记录等）极易被攻击者捕获和滥用。因此，如何保障无线网络中的信息安全，防止数据泄露，是当前校园网络安全管理中的核心问题之一。

四、校园无线网络安全管理的策略

为了应对上述安全威胁，校园无线网络的安全管理必须采取综合性的策略，通常涵盖网络架构、身份认证、数据加密、网络监控等多个方面。

第一，强认证机制。实施强认证机制是防止未经授权访问的重要手段之一。常见的认证方式包括基于用户的身份认证、设备认证、双因素认证等。这些认证手段可以有效阻止未授权设备或用户进入校园无线网络，从而减少安全威胁。基于 802.1x 协议的身份认证可以通过接入控制服务器验证用户身份，并结合数字证书等手段来提升安全性。

第二，加密通信。采用强加密算法对无线网络中的数据进行加密传输，可以有效防止中间人攻击和流量劫持。目前，WPA3 是较为先进的无线网络加密协议，能够提供更高强度的加密保障，防止攻击者窃听通信内容。同时，启用 SSL/TLS 加密协议对敏感数据进行二次加密，可以进一步增强信息安全性。

第三，网络分段与访问控制。在校园无线网络中，网络分段是提升安全性的有效策略之一。通过将网络划分为多个虚拟局域网（VLAN），可以将教学区、科研区、管理区和学生区的网络流量进行隔离，防止不同区域之间的潜在威胁传播。此外，访问控制列表（ACL）的设置可以根据用户的身份、设备类型和位置限制其访问权限，进一步保障网络的安全。

第四，实时监控与入侵检测。实时监控与入侵检测是确保无线网络安全的重要手段。通过部署网络监控系统，可以对网络中的异常行为进行及时检测，如异常登录尝试、大规模数据传输等，并实时发出警报，防止潜在的攻击行为。入侵检测系统（IDS）能够分析网络流量，检测并识别可能的攻击模式，从而帮助网络管理员迅速作出响应，减少攻击带来的危害。

第五，定期安全审计与更新。校园无线网络的安全性不仅依赖于技术手段的应用，还需要定期进行安全审计。通过安全审计，可以发现系统中的漏洞和安全隐患，并及时进行修补。此外，保持网络设备和软件的及时更新，尤其是安全补丁的更新，对于防止已知攻击手段的威胁具有重要作用。

五、提升无线网络覆盖与安全管理的建议

进一步提升校园无线网络的覆盖与安全管理水平，需要从以下方面入手：

第一，优化无线网络架构。根据校园的建筑布局和使用需求，合理规划和部署无线接入点的数量和位置，提升信号覆盖范围。同时，引入无线控制器和智能管理系统，可以动态调整接入点的负载，确保网络资源的合理分配和使用效率。

第二，提升网络传输速度。为应对日益增长的网络需求，校园无线网络需要支持更高的传输速度。采用最新的 Wi-Fi6 技术可以有效提升网络带宽，增加设备连接数量，并显著降低延迟问题，从而满足高密度环境下的网络需求。

第三，加强安全意识教育。无线网络的安全不仅依赖于技术手段，还需要增强用户的安全意识。通过定期开展网络安全培训和宣传，可以帮助师生了解基本的网络安全防护措施，如使用复杂密码、避免连接不安全的网络等，增强其对潜在安全威胁的防范能力。

第四，构建安全应急机制。建立完善的网络安全应急预案，对于应对突发安全事件至关重要。在发生网络攻击或安全事故时，应急机制可以迅速响应，采取隔离、恢复和追踪等措施，减少事件对校园网络的影响，并保障师生的正常教学和科研活动。

六、无线网络覆盖与安全管理的未来发展趋势

随着技术的不断进步，校园无线网络的未来发展趋势将集中在智能化管理、自动化运维与网络安全的持续增强三个方面。

第一，智能化管理。未来，校园无线网络将更加智能化。通过引入人工智能技术，可以实现对网络流量的智能分析和预测，动态调整网络资源分配，提高网络运行效率。同时，基于大数据分析，可以根据用户行为优化无线接入点的布局和配置，从而提升整体用户体验。

第二，自动化运维。无线网络的维护和管理将逐步实现自动化。自动化运维工具能够实时监测网络状态，发现问题并自动修复，减少人工介入的工作量。此外，通过自动化部署和配置，无线网络的扩展与调整将更加快捷，从而适应校园未来发展的需求。

第三，网络安全的持续增强。在安全性方面，未来的无线网络将更加强

调端到端的全方位防护。零信任安全架构（Zero Trust Architecture）的引入，将进一步提升网络的安全性，确保每一台设备、每一个用户都经过严格的身份验证和权限控制，从而降低安全风险。

第三节　物联网技术在校园网络中的应用

一、校园网络中物联网的基础设施构建

物联网（Internet of Things，IoT）基础设施的构建在当今数字化转型的进程中起着至关重要的作用。它通过连接各种智能设备和系统，实现了信息的收集、处理与控制，使得日常生活、商业运作以及公共服务等多个领域得到了极大的优化和提升。“物联网设备包含用户身份识别或信息采集系统、控制功能执行系统、信息播放展示终端、应用软件系统四部分。”[①] 这些组件在现代智慧城市、智慧校园、智能家居以及其他物联网场景中都发挥着不可或缺的作用。

（一）用户身份识别系统

用户身份识别系统是物联网设备中不可或缺的一部分，它的功能是识别和验证用户的身份，以确保授权用户能够安全访问系统资源。当前，常见的识别方式包括 IC 卡、手机 NFC、指纹识别、人脸识别以及虹膜识别等技术。这些技术为身份认证提供了不同的精确性和安全性。其中，IC 卡（集成电路卡）已成为广泛应用的身份识别方式，取代了传统的 ID 卡。ID 卡由于其技术简单，安全性较低，已经被逐渐淘汰。而 IC 卡具备存储和处理数据的能力，能够为我们提供更高的安全性，并与物联网系统实现无缝对接。手机 NFC（近场通信）则是一种基于无线电波技术的识别手段，允许设备之间在近距离内进行信息交换。NFC 技术被广泛应用于移动支付、门禁系统和身份认证中，具有方便、快捷的优势。

未来的用户身份识别系统发展趋势在于 IC 卡和手机 NFC 技术的结合，

① 罗辉．职业院校智慧校园建设与应用指南 [M]．成都：电子科技大学出版社，2019：73.

并进一步引入指纹、人脸识别等多种生物识别技术。生物识别技术，如指纹识别和人脸识别，提供了高度个性化的身份验证方式，具备独特性和难以复制的特性，能够显著提高系统的安全性和可靠性。虹膜识别由于其精确度高，也有望在高安全性需求的场景中广泛应用。

（二）控制功能执行系统

控制功能执行系统是物联网设备中负责执行指令和实现物理世界交互的核心部分。该系统包括多种功能模块，如门禁系统、售饭 POS 机、水电预付费控制系统和停车场闸道控制系统等。每个模块都通过物联网网络与中央管理系统相连，能够实时接收指令并执行相应的控制操作。

门禁系统是物联网控制功能执行系统的典型应用之一，通过与用户身份识别系统的结合，能够实现对人员进出权限的管理。售饭 POS 机则被广泛应用于校园、企业食堂等场景，结合 IC 卡或 NFC 技术，能够实现快速支付和消费管理。水电预付费控制系统能够实现对水、电等能源的实时监控和预付费管理，提高资源的利用效率。而停车场闸道控制系统则用于自动化管理车辆的出入，结合识别技术，能够确保停车场的安全和自动化高效运行。

随着物联网技术的不断发展，控制功能执行系统在未来将会变得更加智能化和自动化。例如，通过引入人工智能和大数据分析技术，控制系统能够根据历史数据和用户行为模式，预测用户需求并进行自动化调整，进一步提升系统的效率和用户体验。

（三）信息播放展示终端

信息播放展示终端是物联网设备中负责信息传播和展示的部分，设备包括 LED 屏、液晶屏、广告屏、电子班牌、数字广播等。这些设备不仅是信息展示的工具，还具有一定的互动功能，能够实时展示从物联网系统中获取的数据。

LED 屏和液晶屏是最为常见的信息播放终端，广泛应用于商场、学校、社区等公共场所。广告屏则通常用于展示商业广告或公共服务信息，能够根据时间、地点和人群进行个性化的信息推送。电子班牌是一种专门应用于学校的物联网终端设备，能够展示教师课程安排、学生考勤信息以及学校通知，极大地方便了校园管理。

此外，部分信息播放展示终端还具备身份识别功能。例如，电子班牌可以结合人脸识别技术，自动记录学生的出勤情况。未来，信息播放展示终端的设备种类有望增加，功能也将更加丰富多样，但其基本的功能原理将保持一致。设备的智能化程度和互动性将继续提升，通过物联网网络的实时数据传输和反馈，信息播放展示终端能够更加精准地满足用户需求。

（四）应用软件系统

应用软件系统是物联网基础设施的关键组成部分，它负责管理、处理和整合来自物联网设备的数据。目前，物联网的各类应用软件大多独立运作，形成了所谓的信息孤岛。这意味着不同的物联网系统之间缺乏有效的数据互通和协作，限制了物联网技术的整体效能。

信息孤岛现象在物联网基础设施中的存在，反映了目前物联网应用软件开发的局限性。由于缺乏统一的标准和平台，不同厂商和开发者设计的软件往往只能与其特定的硬件设备配合使用，而无法实现跨系统的数据共享和协同工作。这不仅降低了物联网系统的整体效率，也增加了管理和维护的复杂性。

未来，应用软件系统的发展趋势是通过构建智慧校园、智慧城市等平台，整合物联网及其他系统，实现更强大的功能和数据互通。智慧校园平台作为一个典型的案例，旨在将校园内的物联网设备、信息系统和管理系统进行统一整合，从而实现高效的校园管理和资源配置。通过智慧平台，应用软件系统能够打破信息孤岛，实现不同设备之间的数据共享和互操作性，极大地提高了物联网系统的整体效率。这种整合不仅限于数据的互通，还涉及功能的扩展和优化。

未来，物联网应用软件系统将与大数据、云计算和人工智能等技术深度融合，通过智能分析数据和自动化处理，提供更加智能和个性化的服务。物联网设备生成的数据也将被更有效地利用，从而为用户提供更高效的管理和控制手段。

二、物联网技术对校园网络的具体促进

物联网技术的发展为校园网络的建设与优化提供了全新的契机。物联网通过将物理设备、环境和信息系统紧密连接，实现了数据的自动化采集、传输、分析和应用。在校园网络中，物联网技术的引入促进了网络性能的提升、资源的有效利用以及教学管理的智能化。物联网技术对校园网络的促进体现在以下几个方面。

（一）网络性能的提升

物联网技术通过大规模的终端设备连接和信息传递，为校园网络的性能提升提供了重要的技术支持。传统的校园网络主要依赖于固定的计算设备和网络基础设施，信息的传递较为有限。而物联网技术能够将校园中的各类智能设备（如教室设备、实验室仪器、门禁系统等）统一接入网络，使得网络的节点数量大幅增加，数据流通更加迅速、灵活。同时，物联网设备通常配备高效的传感器和数据处理能力，能够实时捕捉和分析各类数据，这在一定程度上优化了网络的响应速度和带宽利用。此外，物联网的引入增强了校园网络的冗余设计和容错能力。通过多个设备之间的互联互通，网络在部分节点发生故障时能够迅速进行自我调整和修复，确保网络的稳定性和可靠性。这在保障校园教学、管理、科研等活动的正常运行方面起到了重要作用。

（二）网络资源的优化配置

物联网技术能够在校园网络中实现资源的动态管理和智能调度。通过物联网设备的广泛应用，校园网络可以实时监控各类网络资源的使用情况，如带宽、存储、计算能力等。基于对实时数据的分析，网络系统可以根据实际需求对资源进行动态调整，避免资源浪费和过载。例如，在不同时间段内，校园内的教学楼、实验室、图书馆等区域的网络使用需求可能存在差异。物联网技术可以根据各区域的网络使用量，合理分配带宽和设备资源，确保在高峰时段也能保持网络的畅通。这种动态优化能力有效提高了网络的整体运行效率，降低了资源的冗余配置，同时提高了校园网络的成本效益。

（三）教学管理的智能化

物联网技术不仅能够促进校园网络的基础性能提升，还能够推动教学管理的智能化发展。通过物联网设备的部署，校园管理者可以实时掌控学校各类设施的运行状态和资源消耗情况，如教室的使用率、图书馆的座位占用情况、实验室设备的使用情况等。这为学校管理者提供了丰富的数据支持，帮助其在教学资源分配、人员调度和基础设施维护等方面作出更加科学和高效的决策。

在教学方面，物联网技术使得教学设备和学习资源更加智能化。例如，智能白板、电子书包、远程监控设备等物联网设备的使用，使得师生之间的互动更加频繁和便捷，课堂教学更加生动有趣。此外，物联网技术还可以结合大数据和人工智能技术，帮助教师根据收集到的学生的学习数据进行精准教学，有针对性地调整教学内容和进度。这种基于数据的教学方式能够显著提高教学效果，推动校园教育的个性化发展和现代化进程。

（四）安全保障的全面提升

校园网络的安全性是保障学校各类信息系统和设备正常运行的关键。物联网技术的引入在提高网络性能的同时，也为校园网络安全保障提供了新的工具。首先，物联网设备自带的身份认证和加密技术可以有效防止未经授权的设备接入校园网络，减少安全漏洞的产生。其次，物联网技术可以通过实时监控网络中的数据流量和设备行为，及时发现和预警潜在的安全威胁，如病毒传播等问题，进一步确保校园网络的安全性。

此外，物联网的安全功能还可以延伸到物理安全领域。例如，学校可以通过物联网技术搭建智能门禁系统、校园监控系统等，对校园内的各类场所进行实时监控和管理。一旦发生安全事件，物联网设备可以迅速反馈相关信息并启动应急预案，从而提升校园整体的安全管理水平。

三、校园网络中物联网技术的应用策略

物联网技术在校园网络中的应用策略需要结合校园的实际需求和发展目标，以确保技术的有效部署和高效运行。下面从物联网设备合理选择、构建优化的网络架构、加强数据管理与分析、强化安全管理与分析等方面来探讨其应用策略。

（一）合理选择物联网设备

在物联网技术的应用过程中，设备的选择是其实施的基础。校园网络中使用的物联网设备种类繁多，包括智能终端、传感器、执行器、网关等。不同的设备具备不同的功能特点，适用于校园网络中的不同场景。为确保物联网技术的有效应用，学校需要根据具体需求合理选择和配置物联网设备。

例如，在教学楼和实验室内，智能传感器和环境监控设备可以用于检测温度、湿度、光照等环境参数，保证教学环境的舒适性。而在图书馆和教室中，智能座位系统和电子签到系统可以提高资源的利用效率，减少资源浪费。在门禁系统和安全监控方面，智能摄像头和人脸识别系统可以有效保障校园的安全。因此，设备的选择应充分考虑功能需求、成本效益和技术可靠性，

才能确保各类物联网设备在校园网络中的高效协同。

（二）构建优化的网络架构

物联网技术的有效应用需要一个稳定、灵活的网络架构作为支撑。物联网设备数量庞大且数据传输频繁，因此校园网络的架构设计必须具备较强的扩展性和处理能力。校园可以采用分布式网络架构，将各类物联网设备接入不同的子网，并通过网关与主校园网络相连。这种架构设计不仅能够提高数据传输的效率，还能够降低网络的负载压力，避免因数据过载导致网络拥塞问题的出现。

此外，校园网络应充分利用云计算和边缘计算技术，实现数据的分级处理和存储。通过将部分物联网数据的处理任务下沉至边缘节点，校园网络可以减少核心网络的压力，提升整体的响应速度和计算效率。同时，云计算平台可以为校园网络中的大数据分析提供强大的计算能力，帮助学校从物联网数据中挖掘有价值的信息，并用于教学管理、科研支持等领域。

（三）加强数据管理与分析

物联网设备会在校园网络中产生海量数据，包括环境数据、设备运行数据、用户行为数据等。这些数据不仅能够反映校园的实际运行状态，还能够为学校的管理和决策提供依据。因此，校园网络中的物联网应用策略必须注重数据的管理与分析。

第一，校园应建立完善的数据采集、存储和处理机制，确保各类物联网设备生成的数据能够被及时、准确地采集和存储。在数据管理过程中，数据的清洗、整理和分类也是至关重要的步骤。通过对物联网数据进行有效的预处理，学校可以确保后续的数据分析工作能够顺利进行。

第二，学校应建立大数据分析平台，再结合物联网设备生成的数据进行深入分析。例如：通过分析校园内不同教学区域的网络使用情况，学校可以优化网络资源的分配；通过分析图书馆座位的使用率，学校可以合理安排开放时段和管理措施。此外，基于物联网数据的分析还可以为教学资源的调配、教学方式的改进等提供科学的参考依据。

（四）强化安全管理与隐私保护

物联网技术的广泛应用使得校园网络中的安全问题日益凸显。由于物联网设备的数量庞大且种类繁多，任何一个设备的安全漏洞都有可能成为网络攻击的入口。因此，校园网络中的物联网应用策略必须注重安全管理与隐私保护。

第一，学校应制定严格的物联网设备接入标准，确保所有接入校园网络的物联网设备都经过安全认证，且具备必要的加密和身份验证功能。此外，校园网络中的物联网设备应与主网络进行合理隔离，避免安全风险在整个网络中蔓延传播。

第二，学校需要加强物联网数据的隐私保护。在物联网设备生成的各类数据中，部分数据涉及师生的个人隐私，如位置信息、行为数据等。学校应通过加密技术、数据访问控制等手段，确保这些数据不会被非法获取或滥用。

第三，校园网络中的安全监控系统应实时监控物联网设备的运行状态，及时发现并应对潜在的安全威胁。例如，利用机器学习和人工智能技术，学校可以建立自动化的安全检测和防护机制，确保校园网络的安全运行。

第四章　教学管理与应用系统开发

第一节　教学管理系统的开发与应用

一、教学管理系统的开发

（一）教学管理系统开发的需求分析

1. 用户角色分析

在教学管理系统的开发过程中，明确用户角色及其需求是首要步骤，这将直接关系系统的功能设计与用户体验。系统主要面向三类用户：教师、学生和管理员，每类用户在教学管理活动中扮演着不同的角色，且拥有不同的权限与需求。

（1）教师角色。教师作为教学活动的核心参与者，其需求主要集中在课程管理、学生成绩录入、教学资源共享、作业布置与批改、在线答疑等方面。具体而言，教师需要能够方便地创建和编辑课程信息，包括课程名称、课程描述、授课时间等；同时，能够随时上传教学资料，如 PPT、视频、文档等，供学生下载学习；此外，教师还需具备在线发布作业、批改作业、记录学生成绩以及与学生进行实时或异步交流的能力。

（2）学生角色。学生作为教学活动的主体，其需求主要集中在课程信息查询、教学资源下载、作业提交、成绩查询、与教师互动等方面。学生应能够通过系统快速浏览并选择自己感兴趣的课程，查看详细的课程信息；同时，能够方便地下载教师上传的教学资源，完成作业并按时提交；此外，学生还应能够实时查询自己的成绩记录，并通过系统与教师进行沟通交流，解决学习中的疑惑。

（3）管理员角色。管理员则负责整个教学管理系统的运行维护与安全管理，其需求包括用户管理、权限分配、系统配置、数据备份与恢复等。管理员需能够添加、删除、修改用户信息，为不同用户分配相应的权限；同时，能够进行系统参数的配置，如课程注册时间、成绩录入截止日期等；此外，管理员还需定期对系统数据进行备份，确保数据的安全性与完整性，并在必要时进行恢复操作。

2. 功能需求梳理

基于对上述用户角色分析，可以梳理出教学管理系统的核心功能需求，主要包括以下方面：①课程管理，支持教师创建、编辑、删除课程信息，包括课程基本信息、教学大纲、授课计划等；②教学资源管理，提供教师上传、管理教学资源的功能，支持学生下载学习；③作业管理，支持教师发布作业、批改作业，学生提交作业、查看作业反馈；④成绩管理，支持教师录入学生成绩，学生查询个人成绩及成绩分析；⑤互动交流，提供师生之间的在线交流平台，支持实时或异步交流；⑥用户与权限管理，支持管理员对用户信息进行管理，为不同用户分配权限；⑦系统配置与数据管理，管理员能够进行系统参数配置、数据备份与恢复等操作。

3. 非功能需求考虑

除上述功能需求外，教学管理系统的开发还需考虑一系列非功能需求，以确保系统的稳定性、高效性和安全性，主要包括以下方面：①性能需求。教学管理系统应具备良好的响应速度，能够处理大量并发访问，保证用户在访问高峰时段也能获得流畅的使用体验。同时，教学管理系统应优化数据存储与检索机制，提高数据处理效率，减少用户等待时间。②安全需求。教学管理系统应采取多种安全措施，保护用户数据不被非法访问或篡改，包括数据加密存储、访问权限控制、日志审计、安全漏洞扫描与修复等。此外，系统还应具备防注入、防跨站脚本等常见安全攻击的能力。

（二）教学管理系统开发的设计内容

第一，总体设计思路。首先，将系统划分为若干个功能模块，每个模块负责完成特定的功能任务；其次，采用分层架构设计，将系统划分为表现层、业务逻辑层和数据访问层，降低各层之间的耦合度，提高系统的可扩展性和可维护性；最后，采用面向对象的设计方法，定义清晰的类与接口，实现代码的复用与重构。

第二，数据库设计。首先，根据系统功能需求，设计实体—关系（ER）

图，明确各实体之间的关联关系；其次，根据ER图设计数据表结构，包括表名、字段名、数据类型、字段长度、主键、外键等；最后，考虑数据的完整性约束和索引策略，确保数据的准确性与查询效率。

第三，ER图设计。ER图应涵盖课程、教师、学生、教学资源、作业、成绩等核心实体，以及它们之间的关联关系，如“教师教授课程”“学生选修课程”“课程包含教学资源”等。

第四，数据表设计。以课程表为例，其设计可能包括课程ID（主键）、课程名称、课程描述、授课教师ID（外键关联教师表）、学分、开课学期等字段，其他数据表如教师表、学生表、作业表、成绩表等，也应根据实际需求进行类似设计。

（三）教学管理系统开发的界面交互

第一，模块化开发策略。在教学管理系统的开发过程中，应严格按照模块化原则进行设计与实现。具体而言，可以将系统划分为若干个功能模块（如课程管理模块、作业管理模块、成绩管理模块等），每个模块负责完成特定的功能任务；同时，定义清晰的模块接口与交互协议，确保各模块之间的独立性与协同性。在开发过程中，可以采用敏捷开发方法（如Scrum），通过迭代式开发方式逐步构建和完善系统。

第二，代码规范与版本控制。代码规范与版本控制是确保软件质量的重要手段。在教学管理系统的开发过程中，应制定统一的代码规范标准，包括命名规范、注释规范、代码风格等；同时，采用版本控制系统（如Git）对代码进行统一管理，记录代码的变更历史与版本信息；此外，还要定期进行代码审查与重构工作，提高代码的可读性、可维护性和可扩展性。

（四）教学管理系统开发的测试反馈

第一，单元测试与集成测试。在教学管理系统的测试过程中，应先进行单元测试，对各个功能模块进行独立的测试验证；再进行集成测试，将各个功能模块组合起来进行整体测试验证。测试内容包括功能测试、性能测试、安全测试等，通过测试发现并记录问题缺陷，及时修复并验证修复效果。

第二，性能测试与压力测试。在教学管理系统的性能测试过程中，应模拟实际用户的使用场景与操作行为，对系统的响应时间、吞吐量、并发用户数等性能指标逐一进行测试评估；在压力测试过程中，通过不断增加系统负载来测试系统的抗压能力与稳定性表现。根据测试结果对系统进行优化调整，确保系统能够满足实际使用需求。

第三，用户反馈与迭代优化。在教学管理系统的使用过程中，应积极收集用户反馈意见与建议，了解用户对系统的满意度与改进需求，再根据用户反馈对系统进行迭代优化工作，不断完善系统功能与用户体验。通过持续的用户反馈与迭代优化过程，使教学管理系统能够更好地服务于广大师生用户群体。

二、教学管理系统的应用

（一）教学管理系统的应用场景

在现代教育体系中，教学管理系统的应用已成为提高教育质量与效率的关键手段，该系统通过集成信息技术，实现了教学流程的自动化、智能化管理，极大地促进了教育资源的优化配置与高效利用。教学管理系统的应用场景主要包括以下方面：

1. 日常教学管理

在日常教学管理中，教学管理系统的应用极大地简化了烦琐的行政工作，提高了管理效率。具体而言，教学管理系统通过算法优化，实现了课程安排的自动化。学校管理者可根据教师资源、教室容量、学生选课需求等多维度信息，快速生成科学合理的课程表，有效避免了时间、地点的冲突，确保了教学活动的顺利进行。同时，系统支持灵活的调课、停课管理功能，能够迅速响应教学过程中的突发情况，保障教学秩序的稳定。在成绩管理方面，教学管理系统提供了全面的成绩录入、查询、统计与分析功能。教师可通过系统快速录入学生成绩，避免了传统纸质记录易出错、难保存的弊端。学生及家长则可通过系统随时查询成绩，了解最近的学习进展及成绩波动情况，增强了教学过程的透明度与互动性。此外，系统还能自动生成成绩分析报告，帮助教师分析教学成效，为教学改进提供依据。

2. 教学资源共享与利用

教学资源的共享与利用是提升教育质量、促进教育公平的重要途径。教学管理系统的应用，为教学资源的整合与共享提供了强有力的技术支持。系统通过构建数字化教学资源库，将各类教学资料（如课件、视频、习题等）进行统一存储与管理，实现了资源的集中化、标准化。教师可根据教学需求，

在系统中检索、下载所需资源，极大地丰富了教学手段与内容。同时，教学管理系统还支持资源的在线编辑与协作功能，鼓励教师之间、师生之间的资源共享与共创。通过系统平台，教师可以共同开发教学项目，分享教学经验，形成教学资源的良性循环。此外，系统还提供了资源访问权限管理功能，确保了资源的安全性与合规性，防止了资源的非法传播与滥用。

3. 教学质量监控与评估

教学管理系统的应用，为教学质量的监控与评估提供了科学、客观的依据。教学管理系统通过收集教学过程中的各类数据（如学生出勤率、作业提交情况、课堂互动记录等），运用大数据分析技术，对教学质量进行多维度、全方位的评估，这些评估结果不仅能够帮助学校管理者了解教学现状，发现问题与不足，还能够为教学改进提供数据支持。此外，教学管理系统还支持教学质量反馈机制的建设。学生、教师可以通过系统平台对教学质量进行匿名评价，提出改进意见和建议，这些反馈意见经过系统整理与分析后，将作为教学质量评估的重要参考，从而促进教学质量的持续提升。同时，系统还提供了教学质量跟踪与改进功能，帮助教师根据评估结果适时调整教学策略，优化教学过程。

（二）教学管理系统的应用优化

1. 用户界面友好性设计

用户界面是用户与系统交互的窗口，其友好性直接影响用户的使用体验。因此，在教学管理系统的设计中，应注重界面的简洁性、直观性与易用性。通过合理的布局、清晰的导航、明确的提示信息等手段，降低用户的学习成本，提高操作效率。同时，系统还应支持多平台访问（如 PC 端、移动端），以满足不同用户的使用习惯与需求。

2. 个性化服务定制

不同用户在教学管理系统中的需求存在差异。为了提升用户体验与满意度，系统应提供个性化服务定制功能。例如：根据用户的角色（如教师、学生、管理员）与权限，展示不同的功能模块与操作界面；根据用户的使用习惯与偏好，推送相关的教学资源与服务信息。通过个性化服务定制，系统能够更好地满足用户的个性化需求，提高用户的满意度与忠诚度。

3. 用户反馈机制与持续改进

用户反馈是系统改进与优化的重要依据。为了及时获取用户反馈并持续改进系统性能与功能，教学管理系统应建立完善的用户反馈机制。例如：通过在线调查、用户访谈、意见箱等多种渠道广泛收集用户意见与建议；建立快速响应机制对用户反馈的问题进行及时处理与回复；定期对用户反馈进行汇总与分析，为系统改进提供依据。通过持续改进与优化，系统能够不断提升用户体验与满意度，增强用户黏性。

（三）教学管理系统的应用评估

1. 量化指标评估

通过对比系统应用前后的相关数据（如工作效率、错误率等），可以直观地反映系统对教学管理工作的改进作用。例如：在教学安排方面，可以统计系统应用前后课程表生成所需时间的变化情况；在成绩管理方面，可以统计系统应用前后成绩录入错误率的变化情况，这些量化指标能够客观准确地反映系统对教学管理效率与准确性的提升作用。

2. 质性评估

通过用户访谈、问卷调查等方式，可以收集用户对系统的主观感受与评价信息，深入了解系统在实际应用中的优缺点以及用户的改进建议。在访谈与问卷调查中，可以围绕系统的易用性、功能完善性、服务响应速度等方面设计问题；通过统计分析用户回答情况得出评估结论。质性评估能够弥补量化指标评估的不足，为系统改进提供更加全面、深入的参考依据。

3. 经济效益与社会效益评估

从经济效益角度而言，教学管理系统的应用能够降低教学管理工作的成本支出（如减少纸质材料使用、降低人力成本等）、提高教学资源的利用效率（如减少资源闲置与浪费现象）、促进教学质量的提升（如提高学生学习成绩、增强教师教学能力等），这些经济效益的实现将有助于提升学校的整体竞争力与可持续发展能力。从社会效益角度而言，教学管理系统的应用能够促进教育资源的均衡分配与共享、提高教育服务的公平性与可及性、推动教育信息化的深入发展，这些社会效益的实现将有助于构建更加和谐、公正的教育环境。

第二节　在线教学平台的建设与运营

全球化促进了知识、文化、技术的跨国界流动，使得优质教育资源不再局限于特定地区或机构。在线教育平台通过互联网技术，打破了地理界限，使得全球范围内的学习者都能接触到世界最新、最顶尖的教育资源，这种资源的开放性和可访问性，极大地促进了教育公平，为偏远地区和经济欠发达地区的学生提供了前所未有的学习机会。

一、在线教学平台的建设

（一）在线教学平台的建设理念

第一，用户中心设计。在线教学平台的建设应始终遵循用户中心的设计原则，充分考虑学习者、教师及平台管理者的需求。对于学习者而言，平台需深入了解其年龄、兴趣、学习风格等特征，并提供符合其个性化需求的学习资源和路径；对于教师而言，平台应明确其角色定位，支持其作为内容创作者、引导者和评估者的多重身份；对于平台管理者而言，则需利用数据驱动决策，不断优化平台服务，提升用户体验。

第二，技术架构与平台功能规划。在技术架构方面，在线教学平台应采用云计算与分布式存储解决方案，确保系统的高可用性和可扩展性。同时，实时互动技术（如音视频通信、屏幕共享）的引入，能够提升师生之间的交流互动体验。内容管理系统与课程编辑器的集成，则便于教师快速创建和编辑课程内容。此外，学习进度追踪与数据分析工具的部署，有助于学习者自我评估和教师精准施教。

第三，用户体验与界面设计。在线教学平台应采用简洁直观的 UI/UX 设计原则，确保用户能够快速上手并享受学习过程。同时，平台还需支持多终端适配（如 PC、移动 App、小程序等），以满足不同用户群体的设备使用习惯。此外，无障碍设计的实施也是不可忽视的环节，它确保所有用户都能轻松访问和使用平台资源。

（二）在线教学平台的内容构建

第一，多元化内容资源开发策略。在线教学平台应构建多元化的内容生态体系，以满足不同学习者的需求，包括自主创作高质量的教育资源、与版权方合作引入优质课程、邀请关键意见领袖和专家参与内容创作等。同时，鼓励用户生成内容也是增强社区互动性和丰富内容资源的有效途径。

第二，内容审核与评估机制。为确保在线教学平台内容的质量和安全性，必须建立严格的内容审核流程，包括对课程内容的真实性、准确性、时效性等方面进行审查，并排除任何违法、违规或不良信息的展示。此外，引入第三方评估机构进行内容质量评估也是提升平台信誉和口碑的重要手段。同时，建立用户反馈机制，及时收集并处理用户意见和建议，有助于持续优化平台内容。

第三，课程内容更新与迭代。随着知识更新速度的加快，课程内容也需要不断迭代和优化。在线教学平台应紧跟行业动态和学术前沿，及时更新课程内容以保持其时效性和前沿性。同时，通过定期评估课程效果和用户反馈数据，对课程进行针对性改进和优化以提升教学质量和学生的学习体验。

二、在线教学平台的运营

（一）在线教学平台的运营推广

1. 用户获取与留存策略

用户获取和留存是在线教学平台运营的核心任务。通过搜索引擎优化和搜索引擎营销等手段，提升平台在线可见度，吸引潜在用户。同时，利用社交媒体和内容营销手段，扩大品牌影响力，并吸引目标用户群体。此外，还可以建立会员制度和积分体系等激励机制，有助于增强用户黏性，并提升用户活的跃度。

2. 合作伙伴与渠道拓展

与教育机构、企业等合作伙伴建立战略合作关系，有助于拓宽用户基础，并提升平台影响力。通过跨界合作的模式：探索教育＋新场景，如在线教育＋职业培训、在线教育＋文化旅游等模式，可以进一步拓展市场空间，并满足用户的多元化需求。

3. 品牌建设与口碑传播

品牌建设和口碑传播是在线教学平台长期发展的重要保障，通过塑造独特的品牌形象和价值观，以及传播口碑，可以提升平台知名度和美誉度，并吸引更多用户加入。“校园系统平台的建设是数字资源和系统应用的枢纽部分，是实现网络办公化，教学信息化，校园生活便利化的接口。”① 利用用户良好的使用体验和成功案例进行口碑传播，可以直观地展示平台的教学成果和学习效果，从而增强潜在用户的信任感和归属感。

（二）在线教学平台的运营创新

1. AI 在教育领域的深度应用

随着 AI 技术的不断发展，其在教育领域的应用也将更加深入和广泛。智能推荐系统可以根据学习者的学习行为和兴趣偏好，为其推荐个性化的学习资源和学习路径，从而实现更加精准和高效的学习体验；AI 助教可以辅助教师进行日常教学和答疑工作，减轻教师负担并提高教学效率；情感识别技术的应用可以实时监测学习者的学习状态和情感变化，以便能及时调整教学策略并提升学习体验。

2. 区块链技术在教育认证中的应用

区块链技术以其去中心化、不可篡改等特性，在教育认证领域具有广阔的应用前景。通过将学历和证书电子化并存储在区块链上，可以实现学历和证书的安全、透明和可追溯性，从而有效防止学历造假和证书伪造等问题的发生；同时，区块链技术还可以为学习者的学习成果提供可靠的认证和证明，为其未来的职业发展提供有力支持。

3. 面向未来的教育趋势

未来，教育将更加注重个性化、终身化和智能化。个性化学习将成为教育的主流模式，通过智能推荐系统和个性化学习路径规划等技术手段，为学习者提供更加符合其个性化需求的学习资源和路径；终身学习体系的构建，将促进人们在不同阶段和领域持续学习和成长，以适应快速变化的社会环境；虚拟现实（VR）和增强现实（AR）等技术的普及，将为学习者提供更加沉

① 王照龙．关于智慧校园建设中校园平台建设的几点思考［J］．卷宗，2018，8（34）：215.

浸式和互动性的学习体验，从而进一步提升其学习效果和学习兴趣；教育大数据的深度挖掘和应用，将为教育决策提供更加科学、精准和全面的数据支持，从而推动教育行业的持续创新和发展。

第三节　智慧校园数字化实验系统设计

一、智慧校园数字化实验系统设计的基础架构

（一）智慧校园数字化实验系统设计的必要性

“智慧校园是通过互联网将校园的学习、生活、娱乐等进行系统化，师生通过平台能快捷发布或获取各种教学资源，实现在线交流互动，快捷获取各种统计数据及配套服务，高效完成教学和人才培养工作。”[①] 智慧校园数字化实验系统设计的必要性主要包括以下方面：

1. 提升学生实践能力与创新能力

传统实验教学受限于物理空间、时间安排及资源分配等因素，难以充分满足学生个性化的学习需求，限制了其实践操作的广度和深度。数字化实验系统通过引入先进的信息技术手段，如虚拟现实、增强现实等，能够打破时空限制，为学生提供更加丰富、直观、可交互的实验环境，这种高度沉浸式的学习体验不仅激发了学生的学习兴趣，还促进了其主动探索与解决问题的能力，从而有效提升其实践操作能力和创新思维。

2. 实验教学资源优化配置的需求

随着教育规模的逐步扩大和学科交叉融合的趋势加强，实验教学资源的紧张与不均衡问题日益凸显。数字化实验系统通过云计算、大数据等技术的应用，实现了实验资源的集中管理、按需分配和动态调整，有效提高了资源利用效率。同时，系统还能根据教学需求和学生特点，进行智能推荐和个性化配置，从而确保每位学生都能获得最适合自己的实验资源和学习路径，促

① 陈小年．大数据背景下智慧校园网络平台建设的探索与实践［J］．科技创新与应用，2020（21）：62.

进了实验教学的公平性和有效性。

3. 促进教育信息化深度融合的桥梁作用

智慧校园建设旨在实现信息技术与教育教学的深度融合，而数字化实验系统正是这一融合过程中的关键桥梁。通过该系统，教师能够运用现代信息技术手段创新教学方法和模式，如利用 AI 辅助的智能分析功能评估学生学习的效果并及时调整教学策略；学生则能在数字化环境中自由探索、自主学习，实现知识与技能的双重提升。此外，数字化实验系统还促进了师生之间的即时沟通与互动，增强了教学过程的互动性和协作性，为教育信息化的发展注入了新的活力。

（二）智慧校园数字化实验系统设计的理论基础

1. 学习科学理论在系统设计中的应用

学习科学理论强调以学生为中心，关注学习过程的认知机制、情感因素和社会互动。在数字化实验系统的设计中，应充分融入学习科学理论的研究成果，如认知负荷理论、具身认知理论等，以指导系统界面的友好性设计、学习任务的合理分解以及学习支持的适时提供。通过优化系统的交互性和反馈机制，促进学生对实验内容的深度理解和内化。

2. 建构主义视角下的实验学习环境构建

建构主义认为学习是学生主动建构知识的过程，强调情境、协作、对话和意义建构在学习中的重要作用。在数字化实验系统的构建中，应模拟真实的实验环境，提供丰富的情境材料和实验工具；同时，支持学生之间的协作学习和交流讨论，促进学生之间的知识共享和思维碰撞；此外，通过系统的智能反馈机制来帮助学生建构个性化的知识体系。

3. 数字化学习资源的整合与共享理论

数字化学习资源是数字化实验系统的重要组成部分。在系统设计时，应遵循资源整合与共享的原则，将分散于不同来源的优质实验资源进行有效整合，形成统一的资源库。同时，建立资源共享机制，实现资源在师生之间的无障碍流动和再利用，提高资源的利用效率和社会价值。

二、智慧校园数字化实验系统设计的系统需求

（一）用户需求分析

1. 教师需求

教师作为实验教学的主导者，对实验设计、资源管理和学生评价等方面有着较高的需求。具体而言，教师需要能够方便地设计实验方案、管理实验资源（如实验器材、试剂等）、组织实验教学活动，以及对学生实验结果进行客观公正的评价。此外，教师还需要能够利用系统提供的数据分析工具，对学生的学习效果进行量化评估，以便及时调整教学策略和方法。

2. 学生需求

学生既是实验教学的主体，也是数字化实验系统的主要使用者之一。学生通常对个性化学习路径、实时反馈和实验创新等方面有着强烈的需求。具体而言，学生希望能够根据自己的兴趣和能力，选择适合自己的实验项目和学习路径；在实验过程中能够实时获得系统的指导和反馈，以便及时调整自己的操作策略；同时，希望能够通过系统提供的创新工具和方法，进行自主探索和实验创新，以培养自己的创新意识和实践能力。

3. 管理者需求

管理者作为智慧校园数字化实验系统的运维者和监管者，需要能够全面掌握系统的运行状态和使用情况，以便进行及时的维护和管理。具体而言，管理者需要能够监控系统的各项性能指标，如响应时间、吞吐量等，以确保系统的稳定性和可用性；同时，需要能够统计和分析系统的使用数据，以便了解用户的使用习惯和需求变化，从而为系统的优化升级提供详尽数据支持；此外，还需要能够调度和分配实验资源，以确保资源的合理分配和有效利用。

（二）功能需求细化

1. 实验预约与排课系统

智慧校园数字化实验系统允许教师和学生根据教学计划和实验需求，提前预约实验场地和设备，并自动生成实验排课表。通过该系统可以有效避免实验场地和设备的冲突和浪费，提高实验教学的效率和质量。同时，该系统还可以提供实验课程的详细信息，如实验目的、原理、步骤等，以便教师和

学生提前做好实验准备，使接下来的实验教学顺利进行。

2. 实验资源管理与配置优化

智慧校园数字化实验系统负责对实验资源进行全面管理和优化配置，以确保资源的有效利用和可持续发展。具体而言，该系统可以实现对实验器材、试剂等物品的采购、入库、出库、盘点等全过程管理；同时，可以根据实验需求和教学计划，对实验资源进行智能调度和分配，以提高资源的利用效率和降低运营成本。此外，该系统还可以提供资源使用情况的统计和分析报告，以便管理者及时了解资源的使用情况和问题所在，从而采取相应的措施加以优化和改进。

3. 实验过程实时监控与记录

智慧校园数字化实验系统是利用物联网技术和视频监控技术，对实验过程进行实时监控和记录，以便及时发现和处理实验中可能出现的问题和安全隐患。具体而言，该系统可以实时监测实验设备的运行状态和环境参数，如温度、湿度等；同时，可以通过视频监控技术记录学生的实验操作过程，以便后续分析和评估。此外，该系统还可以提供实时通信功能，以便教师和学生之间进行即时沟通和交流，及时解决实验中遇到的问题和困惑。

4. 实验数据智能分析与报告生成

智慧校园数字化实验系统可以对实验数据进行预处理、清洗和整理，以提高数据的质量和准确性；同时，可以利用机器学习算法对实验数据进行建模和分析，以便发现学生操作中的问题和不足，以及实验结果的规律和趋势。另外，该系统可以根据分析结果自动生成实验报告，并提供个性化的反馈和建议，以便学生及时了解自己的学习情况，据此调整学习策略和方法。

5. 虚拟实验室与远程实验功能

智慧校园数字化实验系统设计是利用虚拟现实和增强现实技术，为学生提供更加灵活、便捷、高效的实验学习方式，该系统可以支持远程实验功能，允许学生在任何时间、任何地点通过互联网接入系统进行实验操作和数据分析，从而打破时空限制，提高实验教学的灵活性和普及率。

三、智慧校园数字化实验系统设计的原则策略

（一）智慧校园数字化实验系统的设计原则

1. 用户体验优先原则

在智慧校园数字化实验系统的设计中，用户体验被置于首要位置，这要求系统界面设计需直观、简洁，操作流程需符合用户习惯，减少认知负荷。通过用户行为分析与反馈机制，不断优化界面布局、交互逻辑及功能布局，确保用户能够高效、便捷地完成实验预约、操作、数据分析等各个环节。此外，系统还需提供多渠道、多形式的用户支持服务，如在线帮助文档、视频教程、实时客服等，以提升用户满意度和忠诚度。

2. 数据安全与隐私保护原则

鉴于实验数据往往包含敏感信息，如学生个人信息、实验结果数据等，系统设计必须严格遵循数据安全与隐私保护原则。同时，实施严格的权限管理机制，根据用户角色分配不同的访问权限，防止数据泄露与非法访问。此外，系统还需建立数据备份与恢复机制，以应对数据丢失或损坏带来的风险。

3. 灵活扩展与兼容性原则

随着技术的不断发展和教学需求的日益多样化，智慧校园数字化实验系统需具备高度的灵活性和可扩展性。系统设计应采用模块化架构，各模块之间保持相对独立，便于根据实际需求进行功能扩展或调整。同时，系统需支持多种设备、平台及数据格式的接入，并确保与现有教学资源的无缝兼容与整合，降低系统升级与改造的成本与难度。

4. 可持续发展与迭代更新原则

智慧校园数字化实验系统是一个持续进化的生态系统，为确保系统的长期稳定运行与持续优化，应坚持可持续发展与迭代更新的原则。通过定期收集用户反馈、跟踪技术发展动态、分析教学需求变化等方式，不断优化系统性能、完善功能模块、提升用户体验。同时，建立系统的版本控制机制，确保每次更新都能平稳过渡，避免因版本不兼容或功能冲突而影响教学活动的开展。

（二）智慧校园数字化实验系统的设计策略

1. 模块化设计策略

模块化设计是智慧校园数字化实验系统实现灵活扩展与维护的关键策略。通过将系统划分为多个相对独立的功能模块（如实验预约与调度系统、实验资源管理平台、虚拟实验室与远程实验模块、实验数据分析与反馈系统等），使每个模块负责特定的功能任务，降低了系统设计的复杂度与耦合度。同时，模块化设计便于根据实际需求进行功能扩展或替换，提高了系统的可维护性与可扩展性。

2. 标准化接口设计

标准化接口设计是促进资源共享与互操作的重要手段。在智慧校园数字化实验系统设计中，应遵循相关行业标准和技术规范，设计统一的接口标准和数据交换格式，这有助于不同系统、平台及设备之间的无缝对接与数据共享，降低了系统集成的难度与成本。同时，标准化接口设计也为后续的功能扩展与升级提供了便利条件。

3. 智能化决策支持

智能化决策支持是提升实验教学效率与质量的关键环节。通过引入人工智能、大数据等先进技术，对实验数据进行深度挖掘与分析，从而为教学管理者提供科学的决策依据。例如：利用智能算法对实验预约与调度进行优化，减少资源冲突与浪费；通过数据分析发现学生的学习难点与兴趣点，为个性化教学提供有力支持。此外，智能化决策支持还有助于实现实验教学的精细化管理与持续优化。

四、智慧校园数字化实验系统设计的关键模块

（一）实验预约与调度系统

1. 智能化冲突检测与自动调度算法

实验预约与调度系统采用智能化冲突检测与自动调度算法，能确保实验资源的合理分配与高效利用。算法则根据实验室的容量、实验设备的状态、实验课程的安排以及学生的预约请求等信息，自动检测潜在的资源冲突（如时间冲突、设备冲突等），并生成最优的调度方案。同时，系统支持手动调

整与干预功能，以满足特殊的教学需求。

2. 用户友好的预约界面与通知机制

系统提供用户友好的预约界面，支持学生、教师等用户群体通过 Web 或移动应用进行在线预约。预约界面设计应简洁明了，操作流程直观易懂。用户可根据实验课程安排、个人时间表等因素，选择合适的实验时间与地点进行预约。系统还具备自动通知机制，通过短信、邮件或应用内发送消息等方式，及时通知用户预约结果及实验相关信息（如实验地点、注意事项等）。

（二）实验资源管理平台

1. 实验设备数字化管理

实验资源管理平台能够对实验设备进行全面数字化管理。通过为每台实验设备建立唯一的电子标签或二维码标识，并将其与设备的基本信息（如型号、规格、购置日期等）、使用状态（如空闲、预约、使用中、维修中等）、维护记录等数据进行关联存储。系统支持对实验设备进行远程监控与实时管理，如设备状态查询、故障报修、使用记录统计等。此外，系统还具备设备报废与更新管理功能，确保实验设备的及时更新与替换。

2. 实验耗材与试剂的库存监控与补给预测

实验资源管理平台负责实验耗材与试剂的库存监控与补给预测。系统通过与实验室的库存管理系统对接，实时获取耗材与试剂的库存量、使用量及剩余有效期等信息。基于历史使用数据与当前教学需求预测未来使用量的变化趋势，并提前发出补给预警。同时，系统支持在线采购申请与审批流程，简化采购流程，同时提高采购效率。

（三）虚拟实验室与远程实验模块

1. 高精度虚拟实验场景构建

虚拟实验室与远程实验模块采用先进的虚拟现实技术构建高精度虚拟实验场景。通过三维建模与渲染技术模拟真实的实验环境与设备操作过程，使学生能够在虚拟环境中进行实验操作与技能训练。虚拟实验场景具有高度的沉浸感与交互性，能够激发学生的学习兴趣与探索欲望。同时，系统支持多用户同时在线操作与协作实验功能，进一步促进了学生之间的交流与合作。

2. 实时交互与远程操控技术实现

虚拟实验室与远程实验模块实现了实时交互与远程操控技术。学生可以通过网络连接到虚拟实验室服务器进行远程实验操作。系统支持高清视频流传输与低延迟交互反馈机制，确保学生能够在远程环境中获得与现场实验相似的操作体验。同时，系统还提供了许多丰富的实验指导资源与在线帮助服务，帮助学生解决在实验过程中遇到的问题与困难。

（四）实验数据分析与反馈系统

1. 数据清洗与预处理流程

实验数据分析与反馈系统应先进行数据的清洗与预处理工作。由于实验数据往往存在噪声、缺失值或异常值等问题，需要通过一系列的数据清洗与预处理流程来提高数据质量，包括数据去噪、缺失值填充、异常值检测与处理等操作。同时，系统还支持数据的标准化与归一化处理，以便后续的数据分析与挖掘工作。

2. 智能算法在实验结果分析中的应用

实验数据分析与反馈系统通过引入智能算法对实验结果进行深入挖掘与分析。再通过机器学习、数据挖掘等技术，对实验数据进行聚类分析、关联规则挖掘、趋势预测等操作，发现数据背后的隐藏规律与有价值的信息，这些信息既可以为教学管理者提供科学的决策依据，也可以为学生提供个性化的学习反馈与建议。例如：通过分析学生的实验成绩与操作记录，可以发现学生的学习难点与薄弱环节；通过对比不同实验组的数据，则可以发现实验条件对实验结果的影响规律等。

3. 个性化学习反馈机制设计

实验数据分析与反馈系统还设计了个性化学习反馈机制。系统根据学生的实验成绩、操作记录以及个人偏好等信息，生成个性化的学习反馈报告与建议，这些反馈报告不仅包含学生的实验成绩与排名信息，还包含具体的错误分析与改进建议。同时，系统还支持学生根据自己的需求选择查看不同类型的反馈报告（如整体反馈报告、单项技能反馈报告等），以便更好地了解自己的学习情况，并制订相应的学习计划。

五、智慧校园数字化实验系统设计的实施评估

（一）系统部署与集成策略

1. 软硬件环境准备

软硬件环境准备包括对校园网络基础设施的评估与升级，确保网络带宽、稳定性及安全性能够满足数字化实验系统的高要求。同时，需根据实验教学的具体需求，配置高性能的服务器集群、数据存储设备及终端访问设备，如智能实验台、平板电脑等，以支撑大规模并发访问与数据处理。在硬件准备之外，软件环境的构建同样重要，这涉及操作系统、数据库管理系统、中间件以及实验系统核心软件的安装与配置。通过采用虚拟化技术，可以实现软件环境的快速部署与灵活调整，以满足不同实验教学场景的需求。此外，还需确保所有软件组件间的兼容性，为系统集成打下坚实基础。

2. 系统集成与测试计划

系统集成与测试计划应详细规划系统各模块之间的接口对接、数据交换协议及流程控制逻辑，确保系统能够作为一个整体协同工作。集成过程中，需采用自动化测试工具与人工测试相结合的方式，对系统进行全面的功能测试、性能测试及安全测试，及时发现并修复潜在问题。测试计划还应包括回归测试与压力测试，以验证系统在不同负载条件下的稳定性和可靠性。

（二）用户体验测试与优化

第一，用户体验。在系统实施阶段，必须重视用户体验测试与优化工作。用户接受度测试设计应基于用户画像与需求分析，模拟真实教学场景，设计一系列测试用例，涵盖系统操作便捷性、界面友好性、功能实用性等方面。通过邀请不同年龄、学历层次的教师和学生参与测试，收集他们对系统的主观感受与客观评价。

第二，反馈收集与问题改进。在测试过程中，应建立畅通的反馈渠道，及时收集用户意见与建议。对于用户提出的问题与需求，需进行深入分析，明确问题根源，及时制订针对性的改进方案。同时，建立问题跟踪与解决机制，确保问题得到及时响应与有效解决。通过持续的迭代优化，不断提升系统的用户体验，增强用户的满意度与忠诚度。

（三）成效评估与持续改进

第一，智慧校园数字化实验系统的实施效果需要通过科学的评估体系进行验证。实验教学效率与质量提升指标是衡量系统成效的重要维度之一，这些指标可以包括实验准备时间缩短比例、实验过程自动化程度、实验数据准确性及实验报告生成效率等。通过对比分析实施前后的数据变化，可以直观地评估系统对实验教学效率与质量的提升效果。

第二，学生创新能力与实践能力培养效果评估是评估系统成效的重要方面，需要通过观察学生在实验过程中的表现与成果，如实验设计创新性、问题解决能力、团队协作能力等，评估系统对学生创新能力与实践能力的培养效果。同时，可以采用问卷调查、在线访谈等方式收集学生的主观反馈，了解他们对系统的认可程度及对未来实验教学的期望。

第三，系统长期运行效果监测与持续优化策略也是确保系统持续发挥效能的关键，这需要建立一套完善的监测机制，对系统的运行状态、性能指标及用户行为进行持续跟踪与分析。通过数据分析，发现系统运行中的潜在问题与不足，为持续优化提供数据支持。同时，根据教育技术的发展趋势与实验教学的实际需求，制订系统的升级与扩展计划，确保系统能够始终紧跟时代步伐，满足未来实验教学的需求。

第五章 校园管理与服务系统开发

第一节 校园一卡通系统的设计与实施

一、校园一卡通系统的设计

（一）校园一卡通系统的设计原则

1. 安全性原则

安全性是校园一卡通系统设计的首要原则。系统需采用先进的数据加密技术，如高级加密标准或 SM 系列国产加密算法，对传输及存储的数据进行加密处理，防止数据泄露和被篡改。同时，实施严格的权限控制机制，通过基于角色的访问控制或基于属性的访问控制模型，确保不同用户仅能访问其权限范围内的数据和功能，有效防止未授权访问。此外，系统还应具备日志审计和异常检测功能，以便及时发现并应对潜在的安全威胁。

2. 便捷性原则

便捷性设计旨在提升用户体验，减少操作复杂度。系统应提供简单直观且易于操作的用户界面，支持多种交互方式（如触屏、语音控制等），以适应不同用户群体的需求。同时，系统需覆盖校园内各类应用场景，如食堂消费、图书馆借阅、门禁通行等，实现“一卡在手，走遍校园”的便捷体验。此外，可通过移动应用或网页端提供远程服务，如充值、挂失等，进一步提升服务的便捷性。

3. 扩展性原则

随着校园信息化建设的不断深入，一卡通系统需具备良好的扩展性以应对未来需求的变化。系统应采用模块化设计思想，将不同功能模块独立封装，便于后续功能的增加、修改或删除。同时，系统架构需支持水平扩展和垂直扩展，通过增加服务器节点或提升单个节点性能来应对用户量增长和数据处

理需求的变化。此外，系统接口应遵循开放标准，便于与其他校园信息系统（如教务系统、财务系统等）的集成与数据共享。

4. 智能化原则

智能化是提升校园一卡通系统用户体验和服务质量的关键。系统应充分利用人工智能技术，如机器学习、自然语言处理等，优化用户交互流程，提供个性化服务。例如：通过对用户行为的分析，系统可以自动推荐图书、课程或活动；利用智能调度算法，提高食堂排队、图书馆座位分配等资源分配效率。此外，结合物联网技术，实现校园内各类设备的智能互联与协同工作，进一步提升校园管理的智能化水平。

（二）校园一卡通系统的设计目标

1. 实现校园内“一卡通行”

（1）功能集成与统一标准。校园一卡通系统的首要设计目标是实现“一卡通行”，即通过将身份认证、支付交易、门禁控制、图书借阅、就餐消费、医疗挂号、校车乘坐、体育设施使用等多种校园服务功能集成于一张智能卡上，形成统一的身份识别与支付体系，这一目标的实现依赖于高度标准化的卡片设计、数据加密技术及统一的接口协议，确保系统间的无缝对接与数据共享。

（2）便捷性与安全性。“一卡通行”不仅提升了师生在校园内的生活便利性，还显著提高了校园安全管理水平。通过门禁系统的智能识别，有效控制非授权人员进出校园关键区域；同时，结合支付功能的即时性与可追溯性，有效防范了财务舞弊与资金流失的风险。此外，由于一卡通系统采用多层安全防护机制，如密码保护、数据加密传输、异常行为监测等，能确保用户信息与交易数据的安全。

2. 提高校园管理效率与服务质量

（1）自动化与智能化管理。一卡通系统的应用，推动了校园管理从人工向自动化、智能化的转变。例如：通过数据分析与挖掘技术，系统能实时掌握食堂就餐高峰时段、图书馆热门借阅书籍等信息，为管理部门提供科学决策支持；同时，自动化的考勤与门禁系统，既减轻了管理人员的工作负担，又提高了管理效率。

（2）精细化服务与个性化推送。基于一卡通系统的数据分析能力，学校能够更精准地了解师生需求，实现服务的精细化与个性化。例如：根据学生在食堂的消费记录，推送营养均衡的饮食建议；根据学生的借阅历史，推荐相关书籍或课程信息，这种个性化服务不仅提升了师生满意度，也促进了教育资源的有效利用。

3. 促进学生信息素养提升

（1）信息技术应用能力的培养。一卡通系统的日常使用，无形中增强了学生对信息技术的接触与应用能力。从简单的卡片充值、信息查询，到复杂的在线支付、数据分析，这些过程都要求学生具备一定的信息技术素养。通过实践操作，学生不仅能够掌握基本技能，还能够培养问题解决与自主创新能力。

（2）信息意识与责任感的树立。一卡通系统还承担着培养学生信息意识与责任感的重要使命。通过对系统的使用规则、数据保护政策等内容的宣传与教育，引导学生树立正确的信息观念，认识到信息安全的重要性，学会保护个人隐私与信息安全，从而形成良好的信息行为习惯。

（三）校园一卡通系统的设计路径

1. 系统架构设计

（1）逻辑架构设计。校园一卡通系统的逻辑架构分为前端展示层、业务逻辑层、数据访问层和数据存储层四个层次，主要包括以下方面：

第一，前端展示层。前端展示层负责与用户进行交互，展示系统界面和反馈信息。该层需支持多种终端设备（如PC、手机、平板、自助终端等）的访问，并提供友好的用户界面和交互体验。

第二，业务逻辑层。业务逻辑层负责处理系统的核心业务逻辑，包括身份认证、消费支付、门禁管理、图书借阅等功能模块。该层需与前端展示层和数据访问层进行交互，接收用户请求并调用相应服务进行处理。

第三，数据访问层。数据访问层负责数据的访问和处理，包括数据的增删改查操作以及数据验证和转换等。该层需与数据存储层进行交互，确保数据的准确性和一致性。

第四，数据存储层。数据存储层负责数据的存储和管理，包括关系型数据库、非关系型数据库、文件系统等。该层需提供高效的数据存储和检索机制，以支持系统的快速响应和大规模的数据处理需求。

（2）物理架构设计。校园一卡通系统的物理架构设计主要包括以下方面：

第一，服务器集群。采用高可用性和负载均衡技术构建服务器集群，确保系统的高可靠性和高性能。服务器集群包括应用服务器、数据库服务器、文件服务器等不同类型的服务器节点，通过虚拟化技术实现资源的灵活配置和动态调整。

第二，网络拓扑。构建稳定可靠的网络拓扑结构，确保系统各组件之间的顺畅通信。网络拓扑包括有线网络和无线网络两种形式，全面覆盖校园内的各个角落。同时，采用防火墙、入侵检测系统等安全设备保障网络安全。

第三，终端设备部署。在校园内广泛部署一卡通终端设备，如 POS 机、门禁读卡器、自助服务终端等，这些设备需具备高度的稳定性和易用性，以满足不同场景下的使用需求。同时，通过统一的设备管理平台对终端设备进行远程监控和管理。

2. 核心功能模块设计

（1）身份认证模块。身份认证模块是采用多因素认证机制，结合传统的密码认证和生物识别技术（如指纹、面部识别等），提高身份认证的安全性和准确性。用户通过输入正确的密码和进行生物特征识别后，即可获得系统访问权限。此外，系统还支持远程身份认证功能，用户可通过移动应用或网页端进行身份认证和相关权限申请。

（2）消费支付模块。消费支付模块提供电子钱包和线上线下支付整合功能。用户可以在一卡通系统中充值电子钱包，并在校园内的各类消费场所（如食堂、超市、打印店等）进行消费支付。系统支持多种支付方式（如扫码支付、NFC 支付等），并提供消费记录和账单查询功能。同时，系统还与校园内的第三方支付平台（如支付宝、微信支付等）进行对接，实现线上线下支付的无缝衔接。

（3）门禁管理系统。门禁管理系统采用智能识别技术，对进出校园的人员进行身份验证和权限控制。系统支持多种门禁设备（如门禁读卡器、闸机等）的接入和管理，并通过远程授权功能实现门禁权限的灵活配置和动态调整。同时，系统还具备异常检测和报警功能，一旦发现非法入侵或异常情况则立即进行报警处理。

（4）图书借阅系统。图书借阅系统提供自助借还、个性化推荐等功能。用户可以通过一卡通系统在图书馆自助借还书籍，并查询借阅记录和图书信息。系统还利用大数据分析技术对用户借阅行为进行分析和挖掘，根据用户的阅读习惯和兴趣偏好提供个性化图书推荐服务。此外，系统还支持图书预约、续借等功能，提高图书资源的利用率和用户满意度。

（5）数据分析与决策支持模块。数据分析与决策支持模块利用大数据技术对用户行为、消费记录、门禁记录等数据进行深度分析和挖掘。通过构建用户行为画像和数据分析模型，系统可以揭示用户行为规律和潜在需求，为校园管理提供精准有力的数据支持。同时，系统还提供可视化报表和决策分析工具，帮助管理人员快速了解校园运营状况并作出科学决策。

3. 技术选型与创新点

（1）关键技术介绍。校园一卡通系统设计的关键技术主要包括以下方面：

第一，无线射频识别（RFID）技术。RFID 技术是实现一卡通系统非接触式识别的关键技术。通过 RFID 标签和读写器的配合工作，系统可以快速、准确地识别用户身份和权限信息。RFID 技术具有识别速度快、准确率高、抗干扰能力强等优点，在门禁管理、图书借阅等场景中得到了广泛应用。

第二，云计算平台。云计算平台为校园一卡通系统提供了强大的数据存储和计算能力。通过部署在云端的服务器集群和数据库系统，系统可以实现数据的集中存储和分布式处理。云计算平台还为用户提供了弹性伸缩和按需付费等特性，有助于降低系统运维成本和提升系统可扩展性。

（2）创新设计点。校园一卡通系统设计的创新点主要包括以下方面：

第一，基于区块链的数据安全方案。区块链技术以其去中心化、不可篡改等特性在数据安全领域展现出巨大潜力。在校园一卡通系统中引入区块链技术可以构建更加安全可靠的数据存储和传输机制。通过将用户身份信息和交易记录等敏感数据存储在区块链上，并利用智能合约进行权限控制和数据验证等操作，可以有效防止数据泄露和篡改风险的发生。

第二，人工智能（AI）辅助的智能调度。AI 技术在校园一卡通系统中的应用不仅限于对用户行为分析和个性化推荐等方面，还可以扩展到资源调度和优化等领域。通过构建智能调度模型并利用机器学习算法进行训练和优化，系统可以自动调整门禁通行速度、食堂排队顺序等资源分配策略，以应对不同场景下的需求变化，这种智能调度方式有助于提高资源利用效率和用户体验。

二、校园一卡通系统的实施

（一）校园一卡通系统的需求规划

1. 调研用户需求

校园一卡通系统的成功实施依赖于对师生及管理人员需求的深入调研，这一过程采用定量与定性相结合的方法，通过问卷调查、访谈、焦点小组讨论等形式，广泛收集来自不同群体的意见与建议。调研内容涵盖但不限于卡片功能需求（如身份认证、消费支付、门禁管理、图书借阅等）、系统兼容性要求、用户界面友好度期望以及数据安全与隐私保护等关注点。通过细致分析调研数据，可以精准定位系统的核心功能与扩展方向，为后续工作奠定坚实基础。

2. 明确实施范围与优先级

基于需求分析结果，项目团队需进一步明确校园一卡通系统的实施范围，包括覆盖的校区、建筑、部门及用户群体。同时，根据功能的重要性和紧急性，设定项目实施的优先级，确保关键功能先行上线，逐步扩展至全面应用，这一步骤有助于合理分配资源，确保项目按时按质完成。

3. 制订详细的项目计划与时间表

为确保项目有序推进，需制订详细的项目计划，明确各阶段的目标、任务、责任人及完成时间。项目计划通常采用甘特图等管理工具进行可视化展示，便于团队成员跟踪进度，及时调整计划以应对潜在风险。时间表应详细规划从项目启动、需求分析、设计开发、测试验证到最终上线的每一个关键节点，确保项目按计划顺利执行。

（二）校园一卡通系统的设施建设

1. 网络环境优化

校园一卡通系统的稳定运行依赖于高效、稳定的网络环境。因此，在项目实施初期，需对现有网络基础设施进行全面评估，并根据系统需求进行必要的优化升级，包括增加网络带宽、优化网络拓扑结构、部署高性能路由器和交换机、确保无线网络全面覆盖等。同时，还需实施网络安全措施，如防火墙配置、入侵检测与防御系统部署，以保障数据传输的安全性和可靠性。

2. 服务器与存储设备采购

根据系统规模和数据存储需求，项目团队需采购高性能的服务器和存储设备。服务器需具备足够的处理能力和扩展性，以支持高并发访问和数据处理需求。存储设备则需具备大容量、高可靠性和易扩展性，以确保系统数据的长期保存和快速访问。在采购过程中，须充分考虑设备的性价比、品牌信誉及售后服务等因素，确保采购到符合项目需求的高质量产品。

3. 终端设备安装与调试

校园一卡通系统的终端设备包括读卡器、POS 机、门禁控制器等，这些设备的安装与调试是系统成功运行的关键环节。项目团队需根据校园布局和用户需求，合理规划设备布点，确保设备分布合理、覆盖全面。在安装过程中，需严格按照设备说明书和安装规范进行操作，确保设备安装牢固、连接可靠。调试阶段则需对设备进行逐一测试，确保其各项功能正常、性能稳定。

（三）校园一卡通系统的集成测试

1. 与现有系统接口对接

校园一卡通系统需与教务系统、图书馆系统、财务系统等多个现有系统进行数据交互和业务流程集成。因此，在系统集成阶段，需明确各系统间的接口规范和数据交换标准，并制订详细的接口对接方案。通过开发接口程序或利用中间件技术，实现系统间的无缝对接和数据共享，这一过程需充分考虑系统间的兼容性和稳定性问题，确保数据交换的准确性和及时性。

2. 功能测试

功能测试是验证校园一卡通系统各项功能是否满足设计要求的重要环节。测试团队需根据系统需求、规格、说明书和测试用例设计文档，对系统进行全面、细致的功能测试。测试内容涵盖身份认证、消费支付、门禁管理、图书借阅等核心功能，以及用户管理、权限控制等辅助功能。通过模拟真实使用场景和异常情况下的操作行为，检验系统功能的完整性和正确性。

3. 性能测试

性能测试旨在评估校园一卡通系统在高负载、高并发等极端条件下的运行性能。通过压力测试、负载测试等方法，模拟大量用户同时访问系统的场景，监测系统的响应时间、吞吐量、资源利用率等关键性能指标。根据测试结果分析系统“瓶颈”和潜在问题，再提出优化建议并实施改进。

4. 安全测试

安全测试是保障校园一卡通系统安全稳定运行的重要手段，测试团队需对系统进行全面的安全漏洞扫描和渗透测试，发现潜在的安全隐患和攻击路径。测试内容涵盖身份验证机制、数据加密传输、访问控制策略、日志审计等方面。针对发现的安全问题，须及时制订修复方案并实施整改措施，确保系统安全性能达到设计要求。

（四）校园一卡通系统的人员培训

1. 系统操作培训

为确保校园一卡通系统的顺利推广和应用，需对管理人员、技术人员及师生进行系统操作培训。培训内容涵盖系统基本操作、功能使用、故障排查等方面。针对不同用户群体制订不同的培训计划和培训材料，采用课堂讲授、实操演练等多种方式进行教学。通过培训提高用户的系统操作能力和故障应对能力，为后续系统的稳定运行奠定坚实基础。

2. 校园内宣传与推广

在校园一卡通系统正式上线前及上线初期，须在校园内积极开展宣传与推广工作。通过制作宣传海报、发放宣传手册、举办专题讲座等形式，向师生介绍系统的功能特点和使用方法。同时，利用校园广播、校园网、社交媒体等渠道，扩大宣传范围，强化宣传效果。通过宣传推广，提升用户对系统的认知度和接受度，促进系统的广泛应用和深入发展。

（五）校园一卡通系统的运行优化

1. 正式上线

经过全面的测试与验证后，校园一卡通系统可正式上线运行。在上线前，应制订详细的上线计划，明确上线时间、上线范围及上线流程等关键事项。同时，应做好系统备份和应急恢复预案，以应对可能出现的突发情况。上线过程中，应密切监控系统运行状态，及时发现并解决潜在问题，确保系统平稳过渡至正常运行环境。

2. 监控运行情况

系统上线后，应建立完善的监控机制，对系统的运行状态进行实时监控和定期评估。监控内容涵盖系统性能、稳定性、安全性等方面，通过收集和分析监控数据，及时发现并处理系统异常和故障。同时，需建立问题反馈和处理机制，鼓励用户积极反馈使用过程中出现的问题和建议，以便及时响应和处理用户需求。

3. 收集用户反馈

用户反馈是优化校园一卡通系统的重要依据。项目团队应建立有效的用户反馈渠道，如在线客服、意见箱、电子邮件等，收集用户对系统使用体验的反馈意见。针对用户反馈的问题和建议进行分类整理和分析评估，明确改进方向和优先级，制定具体的优化措施并付诸实施。通过不断改进及优化，提升系统的用户体验和功能性能，满足用户日益增长的需求和期望。

4. 系统迭代优化

校园一卡通系统是一个不断发展的系统，需要根据用户需求和技术发展趋势进行持续的迭代优化。项目团队应建立常态化的优化机制，定期对系统进行功能扩展、性能提升和安全加固等方面的优化工作。同时，应关注新技术的发展和应用，积极引入新技术，提升系统的智能化水平和服务能力。通过持续的迭代优化，保持校园一卡通系统的先进性和竞争力，为校园信息化建设和师生服务提供更加强有力的支持。

第二节　智慧图书馆管理系统开发

智慧图书馆作为图书馆发展的高级形态，是信息技术、管理科学与人文服务深度融合的产物，它利用物联网、云计算、大数据、人工智能等先进技术，实现图书馆服务的智能化、自动化与个性化，为用户提供高效、便捷、全面的知识服务环境。“智慧图书馆的‘智慧’体现在软智慧和硬智慧两个方面，软智慧包括在物理服务基础上的管理服务、知识服务等，硬智慧包括了硬件设备、空间和技术等物理服务。”①智慧图书馆不仅继承了传统图书馆的信息资源存储与传递功能，更在服务模式、管理手段及用户体验上实现了

① 王磊，赵红梅，李赫男．探究智慧校园建设与信息技术应用：以黑龙江八一农垦大学为参考［M］．哈尔滨：哈尔滨工程大学出版社，2019：209.

质的飞跃。智慧图书馆通过数字化、网络化手段，实现了资源的电子化、管理的智能化和服务的远程化。两者在资源形态、服务方式、管理模式上均存在显著差异，但智慧图书馆并未完全摒弃传统图书馆的精髓，而是在此基础上进行了创新与拓展，如保留了对经典文献的收藏与展示，同时融入现代科技元素，提升服务效能。

智慧图书馆管理系统的开发与应用，对于提高图书馆的服务效率与质量、促进知识资源的优化配置、增强用户体验与互动性具有不可估量的价值。首先，通过自动化与智能化手段，系统能显著提高图书借还、编目、盘点等工作的效率，减轻馆员负担，使其有更多精力投入深层次的信息服务中；其次，系统能够基于大数据分析，精准把握用户需求，实现资源的精准推送与个性化服务，促进知识资源的有效利用；最后，智慧图书馆管理系统强调用户参与与互动，通过在线学习、社区交流等功能，增强用户黏性，提升图书馆的社会影响力。

一、智慧图书馆管理系统的理论基础

（一）信息科学与管理理论

信息科学与管理理论作为智慧图书馆管理系统的核心基石，为系统内部信息资源的组织、检索、利用提供了科学的方法论支持。在信息科学领域，元数据标准、信息分类与编码体系的建立，确保了各类图书、文献及多媒体资源能够有序地存储在系统中，便于后续的快速检索与高效利用。管理理论则强调对信息资源进行统筹规划、合理配置与有效控制，通过优化资源分配策略、实施精细化管理措施，实现信息资源的高效整合与利用最大化，这一理论基础不仅保障了系统能够应对海量数据的处理挑战，还确保了信息能够快速定位至目标用户，实现资源精准推送服务，从而满足用户个性化和多样化的信息需求。

（二）用户体验设计理论

用户体验设计理论倡导以用户为中心的设计理念，将用户感受、需求与期望置于设计过程的核心，通过深入研究用户行为模式、心理特征及使用场景，指导系统界面设计、交互流程优化等关键环节。具体而言，通过采用易用性设计原则、实施用户测试与反馈机制，以及利用视觉设计、交互设计等手段，提升系统的可访问性、易用性和满意度，进而增强用户的忠诚度与黏性。用户体验设计理论的融入，使得智慧图书馆管理系统更加贴近用户实际需求，进一步促进了服务质量的全面提升。

（三）大数据与人工智能理论

在大数据理论的指导下，系统能够收集、存储并分析来自用户行为、资源使用、系统运行等多方面的海量数据，挖掘数据背后的隐藏价值，为决策提供科学依据。人工智能技术的应用，如机器学习算法、自然语言处理技术等，则进一步推动了系统智能化水平的提升。个性化推荐系统能够根据用户的历史行为偏好，自动学习并生成符合用户兴趣的推荐列表；用户行为预测模型则能够预判用户的潜在需求，提前准备相关资源；资源优化配置策略则利用智能算法动态调整资源配置，确保资源利用效率的最大化。这些智能化功能的实现，不仅提升了用户体验，还促进了图书馆服务模式的创新与发展。

二、智慧图书馆管理系统的需求分析

（一）智慧图书馆管理系统的用户需求

1. 读者需求

（1）个性化推荐服务。在大数据时代，读者的阅读习惯与兴趣偏好成为宝贵的数据资源。智慧图书馆管理系统需集成先进的推荐算法，如协同过滤、内容推荐等，结合读者的借阅历史、浏览记录、评价反馈等多维度信息，实现精准化、个性化的书籍与资源推荐，这不仅能提升读者的满意度与忠诚度，还能提高馆藏资源的利用率，实现读者与资源的双赢。

（2）便捷借阅服务。为了适应现代生活的快节奏，智慧图书馆应提供多样化的借阅方式。线上预约功能允许读者提前锁定目标书籍，缩短到馆后的寻找时间；线下自取服务则结合 RFID 技术，实现快速自助借还；对于不便到馆的读者，还可提供快递到家服务，进一步打破空间限制，增强服务的灵活性与便捷性。

（2）在线学习平台。随着终身学习理念的普及，智慧图书馆应构建一个全面的在线学习生态系统，包括丰富的电子图书库、视频课程、在线讲座、虚拟实验室等资源，覆盖不同学科领域与知识层次，满足读者自我提升、知

识拓展的多元化需求。同时，平台应支持学习进度追踪、笔记分享、互动问答等功能，促进学习社群的形成与知识共享。

2. 馆员需求

（1）高效管理工具。馆员是图书馆日常运营与服务的核心力量，智慧图书馆管理系统应为其提供一系列智能化工具，如智能盘点系统通过 RFID 技术自动识别并统计馆藏数量与位置，减少人工盘点造成的误差与工作量；自动分类系统则能根据书籍的元数据（如 ISBN、作者、主题等）自动归类，提高分类效率与准确性，这些工具的应用，将极大地减轻馆员的工作负担，使其有更多精力投入读者服务与资源优化等工作中。

（2）数据分析与智能决策支持。面对海量的用户行为数据与馆藏资源信息，智慧图书馆管理系统需具备强大的数据分析能力。通过对用户借阅行为、资源利用率、服务满意度等指标的深度挖掘，系统能够自动生成直观的报表与可视化图表，为馆员提供数据驱动的决策支持，有助于馆员更精准地把握读者需求，优化资源配置，提高服务质量与效率。

3. 管理者需求

（1）资源优化配置。管理者需要一个能够全面反映馆藏资源利用情况的工具，以便根据数据反馈调整馆藏结构，实现资源的优化配置。智慧图书馆管理系统应支持对馆藏资源的动态监测与分析，包括书籍的借阅率、周转率等指标，为管理者提供科学的资源采购与调整建议，避免资源浪费，提高资源利用效率。

（2）成本控制。在资源有限的情况下，实现精细化管理以降低运营成本同样是管理者的重要任务。智慧图书馆管理系统应集成成本控制模块，通过对各项运营成本的精细化核算与分析，帮助管理者识别成本节约的潜力点，如优化采购策略、降低能耗、提高工作效率等，从而实现图书馆运营的可持续发展。

（3）安全监控。确保图书馆环境安全，预防突发事件是管理者不可忽视的职责。智慧图书馆管理系统应包含安全监控模块，利用视频监控、入侵检测、环境监测等技术手段，对图书馆内外环境进行实时监控与预警。同时，系统应具备应急响应机制，一旦发生安全事件，能够迅速启动应急预案，保障馆内人员与财产安全。

（二）智慧图书馆管理系统的模块划分

为了满足上述用户需求，智慧图书馆管理系统需精心设计并划分功能模块，确保各模块间既相互独立又紧密协作，共同支撑起整个系统的运行。

1. 读者服务模块

智慧图书馆管理系统的读者服务模块主要包括以下方面：①自助借还系统，利用RFID技术实现图书的快速识别与借还，减少读者等待时间，提高服务效率；②电子资源访问平台，集成电子图书、期刊、论文、视频课程等多种资源，提供跨平台访问服务，满足读者多样化的学习需求；③个性化推荐系统，基于用户画像与推荐算法，为读者推荐感兴趣的书籍与资源，增强用户体验与黏性。

2. 馆藏管理模块

智慧图书馆管理系统的馆藏管理模块主要包括以下方面：①智能盘点系统，利用RFID技术自动盘点馆藏资源，提高盘点效率与准确性，减少人工干预；②自动分类与排序系统，根据书籍的元数据自动进行分类与排序，优化馆藏布局，提高查找效率；③位置追踪系统，实时追踪馆藏资源的位置信息，为读者提供准确的导航服务，同时辅助馆员进行资源管理。

3. 数据分析与决策支持模块

智慧图书馆管理系统的数据分析与决策支持模块主要包括以下方面：①用户行为分析，收集并分析用户借阅、浏览、评价等行为数据，为个性化推荐与资源优化提供依据；②资源利用率分析，统计各类资源的借阅率、周转率等指标，评估资源利用情况，为资源采购与调整提供决策支持；③报表与可视化，生成直观的报表与可视化图表，帮助管理者快速把握运营状况，作出科学决策。

4. 安全与运维模块

智慧图书馆管理系统的安全与运维模块主要包括以下方面：①环境监控，通过视频监控、环境监测等技术手段，实时监控图书馆内外环境，预防安全隐患；②设备维护，对系统软硬件设备进行定期巡检与维护，确保系统始终稳定运行；③权限管理，实施严格的权限控制策略，确保数据安全与系统安全。同时，还要支持审计日志记录，便于追踪与追溯。

三、智慧图书馆管理系统的设计实现

（一）智慧图书馆管理系统的架构设计

1. 分层架构设计

（1）前端展示层。作为用户与系统交互的直接界面，前端展示层的设计遵循现代 Web 开发的最佳实践，采用响应式设计确保在不同设备上均能提供良好的用户体验。前端展示层利用 HTML5、CSS3 及 JavaScript 等前端技术栈，结合 Vue.js、React 等现代前端框架，实现用户界面的动态渲染与交互逻辑。通过 Ajax、WebSocket 等技术，实现前后端数据的异步传输，提升页面加载速度与交互流畅度。

（2）业务逻辑层。作为系统的核心处理单元，业务逻辑层负责处理所有业务规则与流程控制，主要采用 Java 或 .NET 等后端编程语言，结合 Spring Boot、ASP.NET Core 等轻量级框架，构建高效、稳定的业务处理服务。通过服务层接口的明确定义，实现业务逻辑的模块化与解耦，便于后续的维护与扩展。同时，引入中间件如 Redis、Kafka 等，优化系统性能，提升数据处理能力。

（3）数据访问层。数据访问层负责与数据库的直接交互，执行数据的增删改查操作。采用对象关系映射技术，如 Hibernate、Entity Framework 等，简化数据库操作，提高开发效率。同时，考虑数据的安全性与一致性，该层还集成了事务管理、数据校验等机制，确保数据操作的正确性与可靠性。此外，利用数据库连接池技术，优化数据库连接管理，提升系统并发处理能力。

2. 微服务架构设计

在微服务架构下，智慧图书馆管理系统被拆分为多个独立的服务单元，每个服务专注于完成特定的业务功能，如用户管理、图书管理、借阅管理等，这些服务之间通过轻量级的通信协议（如 RESTful API、gRPC）进行交互，实现了服务间的松耦合。微服务架构的优势在于提高了系统的灵活性与可扩展性，当系统需要新增功能或优化现有功能时，只需对相应服务进行独立开发与部署，不会影响整个系统的稳定运行。同时，微服务架构还促进了开发团队的协作与分工，提高了开发效率与质量。

（二）智慧图书馆管理系统的技术实现

1.RFID 技术在图书管理中的应用

RFID 技术以其非接触式、快速识别、高准确性的特点，在智慧图书馆管理中发挥着重要作用。通过在图书上粘贴 RFID 标签，并在图书馆内布置 RFID 阅读器，系统能够实时获取图书的位置信息，实现对图书的自动识别、定位与追踪，这一技术为自助借还系统提供了坚实的技术支撑，用户只需将图书放置在指定区域，系统即可自动完成借阅或归还操作，提升了服务效率与用户体验。此外，RFID 技术还应用于智能盘点功能中，通过手持式 RFID 扫描设备，管理人员可以快速完成馆藏资源的清点工作，既降低了劳动强度，又提高了盘点效率与准确性。

2. 大数据平台构建与数据分析算法

为了充分挖掘用户行为数据与馆藏资源数据的价值，系统构建了基于云计算的大数据平台。大数据平台集成了 Hadoop、Spark 等大数据处理框架，以及 MySQL、HBase 等数据存储系统，实现了对海量数据的高效存储与快速处理。在数据分析方面，系统运用机器学习、数据挖掘等算法，对用户借阅记录、浏览历史、搜索关键词等数据进行深度挖掘，发现用户阅读习惯与兴趣偏好的变化趋势。同时，通过对馆藏资源利用情况的统计分析，为图书馆的资源采购、布局调整等决策提供科学依据。此外，系统还支持数据可视化展示，通过图表、热力图等形式直观呈现数据分析结果，便于管理人员快速理解数据背后的信息。

3. 人工智能驱动的个性化推荐系统

为了提升用户的阅读体验与满意度，系统引入了人工智能驱动的个性化推荐系统，利用深度学习、协同过滤等算法，对用户的历史阅读记录、兴趣偏好、社交关系等多维度数据进行综合分析，构建用户画像。基于用户画像，系统能够为用户推荐符合其阅读兴趣与需求的书籍与资源。同时，系统还具备自学习能力，能够根据用户的反馈与行为变化不断优化推荐算法，提高推荐的准确性与个性化程度。此外，系统还支持基于场景的推荐策略，如根据用户当前位置、时间等上下文信息推送相关书籍推荐，进一步提升用户体验。

4. 移动端 App 的 UI/UX 设计与开发

随着移动互联网的普及与发展，移动端 App 已成为用户获取图书馆服务

的重要渠道之一。因此，系统在设计之初就充分考虑了移动端用户的需求与习惯。在UI（用户界面）设计方面，系统遵循简洁、直观、易用的设计原则，采用扁平化设计风格与色彩搭配方案，确保用户能够迅速理解并易于操作界面元素。同时，系统还注重细节处理与动画效果的应用，提升用户的视觉体验与操作愉悦感。在UX（用户体验）设计方面，系统通过用户调研与测试反馈会不断优化功能布局与交互流程，确保用户能够高效、便捷地完成各项操作。此外，系统还支持离线阅读、扫码借还等特色功能，满足用户多样化的需求场景。

四、智慧图书馆管理系统的安全防护

（一）数据加密与备份

第一，数据加密。智慧图书馆管理系统应对所有敏感数据实施加密处理，采用先进的加密算法（如AES-256）确保数据即使被截获也无法被轻易解密。同时，在数据传输过程中，应使用安全协议（如TLS/SSL）进行加密传输，防止数据在传输过程中被窃听或篡改。

第二，数据备份。智慧图书馆应建立定期备份机制，将关键数据定期备份至安全可靠的存储介质中，确保在数据丢失或损坏时能够迅速恢复。此外，还应考虑采用容灾备份策略，将备份数据存储在地理位置分散的多个数据中心，以增强数据的抗毁性和可用性。

（二）访问控制与权限管理

第一，访问控制。智慧图书馆管理系统应建立严格的访问控制机制，通过身份认证、访问授权等手段，确保只有经过授权的用户才能访问系统资源。同时，应根据用户角色和职责的不同，实施精细化的权限划分，确保用户只能访问其权限范围内的资源，防止权限滥用和越权访问。

第二，权限管理。智慧图书馆应建立动态的权限管理机制，根据用户的职位变动、业务需求等变化及时调整其权限范围。此外，还应实施权限审计和监控，记录用户的访问行为和权限使用情况，以便及时发现和处理潜在的安全风险。

（三）网络安全防护体系

第一，防火墙。防火墙作为网络安全的第一道防线，对于智慧图书馆管理系统而言至关重要。防火墙能够监控和过滤进出网络的数据包，阻止未经授权的访问和恶意攻击。智慧图书馆应部署高性能的防火墙设备，并根据实际情况制定相应的安全策略，以有效抵御外部攻击。

第二，入侵检测系统（IDS）和入侵防御系统（IPS）。入侵检测系统和入侵防御系统是网络安全防护体系中的重要组成部分。IDS 能够实时监测网络流量和系统日志，分析异常行为并发出警报；而 IPS 则能在检测到攻击时自动采取阻断措施，防止攻击进一步扩散。智慧图书馆应结合使用 IDS 和 IPS 技术，构建多层次的防御屏障，从而提高系统的安全防护能力。

第三，安全漏洞管理和安全事件应急响应。通过定期的安全漏洞扫描和渗透测试，及时发现并修复系统漏洞；同时，建立健全的安全事件应急响应机制，确保在发生安全事件时能够迅速响应、有效处置，尽量减少损失和影响。

（四）隐私保护政策与合规性

第一，隐私保护政策。智慧图书馆应制定明确的隐私保护政策，明确告知用户数据收集、使用、存储和保护的方式及目的，尊重用户的选择权和控制权。同时，还应建立用户投诉和纠纷解决机制，确保用户隐私权益得到有效保障。

第二，合规性要求。智慧图书馆应确保系统设计与运营符合相关法律法规要求，包括《中华人民共和国个人信息保护法》《中华人民共和国网络安全法》等国内法律法规，以及国际上的一些隐私保护标准和规范。通过加强法律意识和合规意识教育，提高全体员工的合规素养；同时，建立健全的合规管理体系和监督机制，确保系统运营过程中始终保持合法合规状态。

五、智慧图书馆管理系统的测试优化

（一）智慧图书馆管理系统的测试计划

第一，功能测试计划的细化。功能测试旨在验证系统各功能模块是否按照设计规格说明书正确执行。在制订功能测试计划时，需明确系统应当实现

的所有功能点，并基于这些功能点设计测试用例。测试用例应覆盖正常操作场景、边界条件以及异常处理情况，以确保测试的全面性和有效性。此外，还需考虑不同功能模块之间的交互测试，以验证系统整体的集成性和一致性。

第二，性能测试计划的构建。性能测试是评估系统在高负载、高并发等极端条件下的表现能力。在制订性能测试计划时，需明确测试目标（如响应时间、吞吐量、并发用户数等），并设计相应的测试场景。测试场景应模拟实际运行环境中可能出现的各种负载情况，以全面评估系统的性能“瓶颈”和稳定性。同时，还需制定性能调优策略，针对测试过程中发现的问题进行针对性优化。

第三，安全测试计划的规划。安全测试是检查系统是否存在安全漏洞和潜在风险的重要环节。在制订安全测试计划时，需结合系统特点和行业规范，识别可能存在的安全威胁和攻击手段。测试内容应包括输入验证、权限控制、数据加密、会话管理等关键安全点。通过模拟网络攻击和渗透测试等方式，全面评估系统的安全性能，并制定相应的安全加固措施。

第四，用户体验测试（A/B 测试）的设计。用户体验测试是通过对比不同设计方案的效果来选择最优方案的过程。在智慧图书馆管理系统中，用户体验直接关系用户的满意度和忠诚度。因此，在制订用户体验测试计划时，需明确测试目标（如提高用户满意度、降低用户学习成本等），并设计多个设计方案进行对比测试。测试过程中需收集用户反馈数据并进行统计分析，以评估各设计方案的效果并确定最终方案。

（二）智慧图书馆管理系统的测试环节

第一，测试用例的执行与问题记录。测试实施是验证测试计划有效性的关键环节，在测试实施过程中，需严格按照测试计划执行测试用例，并记录测试过程中发现的问题与异常。同时，还需对测试结果进行深入分析以找出问题的根本原因并制订相应的修复方案。在测试执行过程中，应按照测试用例逐一进行测试操作，并详细记录测试结果和发现的问题。问题记录应包括问题描述、问题复现步骤、问题截图或日志等相关信息以便后续分析和修复。同时，还需对问题进行分类和优先级排序以便合理安排修复计划。

第二，问题分析与修复方案的制订。针对测试过程中发现的问题，应进行深入分析，以找出问题的根本原因。分析过程需结合系统架构、代码实现以及测试数据等多方面信息，进行综合判断。在找出问题原因后，应制订相应的修复方案并进行修复验证，以确保问题得到有效解决。修复方案应明确修复步骤、修复后的预期效果，以及可能引发的新问题等关键信息，以便后续跟踪和评估。

第三，系统性能“瓶颈”的识别与优化。在性能测试过程中，应重点关注系统在高负载下的表现情况，以识别性能“瓶颈”。性能“瓶颈”可能来源于数据库查询效率、网络传输延迟、服务器处理能力等多个方面。针对识别出的性能“瓶颈”，还应制定相应的优化策略并进行优化验证，以确保系统能够满足实际运行需求。优化策略可以包括优化数据库查询语句、增加服务器资源、调整网络配置等多种方式。

（三）智慧图书馆管理系统的优化迭代

第一，用户反馈的收集与分析。用户反馈是了解用户对系统满意度和改进建议的重要来源。在持续优化与迭代过程中，应建立有效的用户反馈机制，以收集用户反馈数据并进行统计分析。在分析过程中，应关注用户反馈的共性问题与个性化需求，以便为后续的系统更新和功能升级提供有力支持。

第二，技术发展趋势的跟踪与应用。随着技术的不断发展，新的技术趋势不断涌现，为智慧图书馆管理系统的持续优化提供了有力支持。在持续优化与迭代过程中，应密切关注技术发展趋势，如云计算、大数据、人工智能等领域的最新进展，并结合系统实际需求进行技术引入和应用创新，以提升系统性能和用户体验。

第三，迭代开发模式的实施。迭代开发模式是一种灵活高效的软件开发方式，通过不断迭代的方式，逐步完善系统功能和性能，以满足用户需求变化。在智慧图书馆管理系统的持续优化与迭代过程中，应采用迭代开发模式，将系统更新和功能升级分解为多个小版本进行迭代开发。每个小版本都需经过完整的测试验证，以确保系统稳定性和用户体验的持续提升。

第三节　智慧校园智能管理系统

一、智慧校园智能管理系统的基础架构

（一）智慧校园智能管理系统的架构设计

智慧校园智能管理系统的架构设计需充分考虑模块化、可扩展性和安全性等因素，主要包括以下方面：①模块化设计使得系统各功能模块相对独立，便于开发与维护，各模块之间通过标准化的接口进行交互，保证了系统的灵活性和可扩展性；②在可扩展性方面，系统应支持动态调整资源分配和服务规模，以应对未来可能出现的业务增长和变化，还要求系统在设计时预留足够的扩展接口和容量，以便在需要时能够快速部署新的功能模块或服务节点；③安全性是智慧校园智能管理系统的重要方面，系统应采用多层次的安全防护机制，包括物理安全、网络安全、应用安全和数据安全等，还应建立完善的安全管理制度和应急预案，以应对各类安全威胁和突发事件。

（二）智慧校园智能管理系统的数据流与信息处理

智慧校园智能管理系统的数据流与信息处理机制是实现智能化管理的关键。系统通过物联网技术能够实现数据的高效采集，确保数据的全面性和实时性。采集到的数据经过预处理和清洗后，会被送入大数据平台进行分析和挖掘。大数据平台运用先进的算法和模型对数据进行深度分析，提取出有价值的信息和知识，这些信息不仅用于支持管理决策和服务优化，还通过智能分析技术被进一步转化为具体的操作指令或建议。最终，系统通过精准反馈机制将分析结果以可视化报告、预警信息、操作建议等形式呈现给用户和管理者。用户和管理者可以根据这些反馈及时调整教学策略、优化管理流程、提升服务质量，形成一个闭环的智能化管理体系。

二、智慧校园智能管理系统的智慧教学

（一）智慧教室的构建

在智慧校园的构建中，智慧教室作为教学环境的智能化升级典范，展现了物联网技术在教育领域应用的无限潜力，这一系统不仅是对传统教室的简单技术化改造，也是从根本上重塑了教学环境，实现了从物理空间到数字空间的深度融合。具体而言，智慧教室通过集成多种传感器与智能控制设备，实现了对教室环境参数的实时监测与自适应调节。例如，利用红外传感器实时监测室内人数，再结合环境光传感器评估光照强度，以及温湿度传感器分析室内舒适度，智慧教室能够自动调整照明系统亮度、空调系统温度与风速，甚至根据季节变化优化通风效果，从而营造一个既节能又舒适的个性化学习环境。

资源动态推送功能是智慧教室的亮点，它依托于大数据与人工智能技术，深度挖掘学习者的学习行为与兴趣偏好。通过分析学习者在平台上的浏览记录、学习时长、互动情况等数据，系统能够精准识别每位学习者的个性化需求，并据此推送定制化学习资源，这些资源不但涵盖电子教材、微课视频、在线题库、虚拟实验等多元化内容，还涵盖了根据学习者能力水平自动生成的进阶练习和个性化学习建议。此外，智慧教室还引入了学习成效预测模型，基于大数据分析预测学习者的潜在学习障碍，提前推送辅导材料，有效预防学习困难的发生，这种资源推送机制不仅提高了学习资源的利用率，还显著增强了学习者的学习动力与效果。

（二）个性化学习路径规划

个性化学习路径规划是智慧教学系统的核心组成部分，它依托于先进的人工智能算法，对学习者的学习行为进行细致入微的分析与建模，这一过程涵盖了学习时间分配、学习进度跟踪、学习成效评估等多个维度，通过构建学习者画像，系统能够深入理解每位学习者的学习习惯、认知特点、能力水平及兴趣偏好。基于这些分析结果，系统能够动态生成个性化的学习路径与学习计划，确保学习内容与学习者当前状态的高度匹配。

具体而言，个性化学习路径规划系统通常先设定明确的学习目标，然后结合学习者的实际情况，推荐最适合的学习资源、学习方法和学习节奏。在学习过程中，系统还会持续监控学习者的学习表现，利用机器学习算法预测

学习成效，并根据预测结果自动调整学习路径，以应对学习者的学习“瓶颈”或突发状况。此外，系统还提供了灵活的交互界面，允许学习者根据自己的学习进度和需求，自主调整学习计划，实现自我驱动的学习过程，这种基于AI技术的个性化学习路径规划，不仅提升了学习的针对性和有效性，还培养了学习者的自主学习能力和终身学习习惯。

（三）虚拟仿真教学

虚拟仿真教学作为智慧教学模块的重要技术革新，通过虚拟现实（VR）和增强现实（AR）等前沿技术，为学习者提供了前所未有的沉浸式学习体验，这些技术能够构建出高度逼真的虚拟环境和学习场景，使学习者仿佛置身于真实的学习情境之中，通过亲身参与和互动，加深对知识的理解和记忆。

在虚拟仿真教学中，学生可以模拟实验操作、历史场景重现、地理环境探索等多种学习活动。例如：在化学实验中，学生可以佩戴VR头盔，在虚拟实验室中完成各种化学反应的观察与操作，不需要担心实验过程中可能发生的风险；在历史课上，学生可以“穿越”回古代，亲身体验历史事件的发生过程；在地理课上，则可以通过AR技术将地球仪上的地形地貌以三维形式呈现在眼前，实现直观的学习体验。更重要的是，虚拟仿真教学打破了传统教学的时空限制。学生不再受限于教室、学校或特定时间段的约束，可以随时随地通过智能设备接入虚拟学习环境进行学习，这种灵活的学习方式不仅提高了学习的便捷性和灵活性，还促进了学习资源的共享与交流，使得优质教育资源能够跨越地域限制，惠及更广泛的学习群体。

（四）教学评估与反馈系统

教学评估与反馈系统是智慧教学模块中不可或缺的组成部分，它通过对学习数据与教学数据的全面收集与分析，为教学质量的持续改进提供了有力支持。该系统集成了多种评估工具与方法，包括在线测试、问卷调查、学习行为分析等，能够多维度、全方位地评估学习者的学习成效与教学者的教学效果。在评估过程中，先对学生的学习数据进行深入挖掘，分析学习进度、学习成效、学习难点等方面的信息，并生成可视化的学习报告，这些报告不仅能够帮助学生了解自己的学习状况与不足之处，还为教师提供了宝贵的教学参考。同时，系统还通过问卷调查等方式收集学习者的主观反馈意见，了解他们对教学内容、教学方法及教学环境的满意度与建议。

三、智慧校园智能管理系统的实践路径

（一）校园资产管理

校园资产管理作为智慧校园智能管理系统的重要组成部分，其高效性与准确性直接影响学校的运营效率与资源配置。在传统资产管理模式下，人工盘点耗时费力且易出错，而RFID技术的引入则彻底改变了这一现状。通过为校园内的各类资产贴上唯一标识的RFID标签，系统能够实现对资产的自动化识别与快速盘点。RFID阅读器能够非接触式地读取标签信息，极大地提高了盘点效率。同时，RFID技术的高准确性还确保了盘点结果的准确无误，避免了因人为错误导致的资产流失或重复购置。除盘点功能外，RFID技术还赋予了资产管理系统实时追踪的能力。系统能够实时监测资产的位置与状态信息，一旦资产发生移动或状态变化（如损坏、遗失），系统会立即发出警报，提醒管理人员及时采取措施，这种实时的监控与追踪机制有助于学校及时发现并解决资产管理中的问题，优化资源配置，提高管理效率。

（二）校园能源管理

随着环保意识的增强，绿色校园建设已成为现代教育的重要趋势。智慧校园的能源管理系统正是顺应这一趋势而生的关键举措，该系统通过集成智能电表、水表等物联网设备，实现了对校园内各类能源消耗的实时监测与数据分析。

大数据分析技术的运用使得系统能够深入挖掘节能潜力，识别出能源浪费的根源与规律。基于这些分析结果，系统能够制定出科学合理的节能策略，如优化照明系统、调整空调运行参数等，从而实现对能源的精细化管理。此外，系统还具备自动调节功能，能够根据校园的实际使用情况与外部环境变化，自动调节相关设备的运行状态，达到节能降耗的目的。为了进一步增强师生的节能意识，系统还提供了能源使用的可视化展示功能。通过直观的图表与数据分析报告，师生可以清晰地了解自己所在区域的能源消耗情况，从而在日常生活中自觉采取节能措施，共同推动绿色校园的建设。

（三）行政办公自动化管理

行政办公自动化管理是智慧校园提升管理效能、优化办公流程的重要支

撑，该模块集公文处理、会议管理、日程安排与信息管理等多种功能于一体，实现了办公流程的数字化、自动化与智能化。

第一，公文处理。智慧校园智能管理系统支持电子公文的起草、审核、签发、归档等全生命周期管理，减少了纸质文件的流转与存储需求，提高了公文处理的效率与安全性。同时，系统还提供了强大的检索与查询功能，使得教职工能够迅速找到所需的公文资料。

第二，会议管理。会议管理模块实现了会议安排的自动化与智能化，教职工可以通过系统提交会议申请并指定参会人员与会议时间地点等信息，系统会自动生成会议日程及时间安排并发送信息通知参会人员。此外，系统还支持会议纪要的在线编写与共享功能，促进了会议成果的及时转化与应用。

第三，日程安排与信息管理功能。教职工可以通过系统设定个人日程安排并接收重要事项的提醒通知；同时系统还提供了信息发布平台供各部门发布通知公告、活动预告等信息，促进了信息的共享与交流。

四、智慧校园智能管理系统的服务升级

（一）一站式服务平台

智慧校园智能管理系统的核心构建在于其一站式服务平台，该平台通过先进的信息聚合技术，实现了对校园内外资源的深度整合与优化配置，这一平台不仅涵盖了教务管理、学生事务、财务管理、图书资源、后勤服务等传统功能模块，还创新性地将大数据分析、人工智能推荐等前沿技术融入其中，构建起一个高度个性化、智能化的服务生态。具体而言，一站式服务平台利用智能算法对海量用户数据进行深度挖掘与分析，精准识别用户行为模式与潜在需求，实现信息的主动推送与定制化服务。例如，通过预测模型分析学生的学习进度与兴趣偏好，提前推送课程预习资料、考试复习指南及个性化学习建议，有效提高了学习效率与质量。同时，平台支持跨部门数据共享与流程协同，通过统一的接口与标准化的操作流程，打破了信息孤岛，实现了校园事务的快速响应与高效处理，显著提升了校园管理的整体效能。

（二）校园生活服务

在校园生活服务领域，智慧校园智能管理系统的深度应用，标志着高等教育机构向更加人性化、智能化方向迈进的显著步伐，该系统通过集成先进

的信息技术与物联网技术，旨在为校园内的师生群体构建了一个全方位、多层次的生活服务平台，极大地提升了校园生活的便捷性、效率与健康水平。例如：餐饮预订系统的创新实施，是智慧校园生活服务升级的一个亮点，该系统不仅彻底颠覆了传统食堂就餐模式中排队等候、现场选餐的流程，还通过移动应用的便捷性，实现了线上选餐、即时支付与座位预约的一体化服务。师生只需在手机端轻点屏幕，即可完成从浏览菜单、选择菜品到支付完成的全部过程，极大地节省了时间成本、提高了就餐效率。更为重要的是，该系统还融入了智能推荐算法，能够基于用户的饮食偏好、历史消费记录以及营养学原理，为每位师生量身定制个性化的菜品组合建议，这种智能化的膳食指导，不仅满足了师生多样化的饮食需求，还有效促进了健康饮食观念的普及与实践，对于提升校园师生的健康水平具有积极意义。

此外，智慧校园生活服务系统还涵盖了宿舍管理、洗衣服务、图书借阅、健康监测等多个方面，通过数据整合与分析，为师生提供更加精细化、个性化的服务体验。例如：宿舍管理系统能够实时监测居住环境质量，及时响应维修需求；洗衣服务则通过预约系统与智能设备联动，实现了洗衣流程的自动化与高效化，这些创新举措共同构成了智慧校园生活服务体系的基石，为师生创造了一个更加舒适、便捷、健康的校园生活环境。

（三）社交互动与文化建设

智慧校园智能管理系统在社交互动与文化建设方面同样展现出独特的魅力。通过构建线上社交平台，系统打破了时间与空间的限制，为师生提供了更加便捷、多元的交流渠道，不仅支持文本、图片、视频等多种形式的沟通方式，还融入了兴趣小组、在线论坛、虚拟社区等功能模块，促进了知识分享、思想碰撞与情感交流，这种线上线下的深度融合，不仅丰富了师生的校园生活，还促进了校园文化的传承与创新。智慧校园智能管理系统通过数字化手段来保存与展示校史、校训、文化活动等校园文化元素，增强了师生的归属感与认同感。同时，定期举办的线上文化活动、知识竞赛等，也进一步激发了师生的参与热情与创造力，推动了校园文化的繁荣发展，这种以文化为纽带、以技术为驱动的交流互动模式，为智慧校园注入了新的活力与内涵。

（四）心理健康支持系统

面对高校日益凸显的心理健康问题，智慧校园智能管理系统特别设计了

心理健康支持系统，该系统运用自然语言处理、情感分析等人工智能技术，对师生的社交媒体内容、在线聊天记录等数据进行深度分析，及时发现潜在的心理健康风险。通过构建预警模型与风险评估体系，系统还能够精准识别出需要关注的个体或群体，并自动触发预警机制，及时通知相关人员进行干预。此外，系统还提供在线心理咨询、心理测试、心理健康教育资源等多元化服务，为师生提供全方位的心理健康支持。通过智能化、个性化的心理健康管理方案，该系统有效降低了校园心理危机事件的发生率，提升了师生的心理健康水平。同时，系统还注重心理健康教育的普及与宣传，通过举办心理健康讲座、工作坊等活动，增强师生的心理健康意识与自我调适能力。

五、智慧校园智能管理系统的安全保护

（一）数据加密与访问控制策略

在智慧校园智能管理系统中，数据安全是保障系统稳定运行与用户信息不受侵害的核心基石，该系统采用了多层级、高强度的数据加密技术，包括对称加密、非对称加密以及混合加密模式，对敏感数据（如学生个人信息、教学资料、财务记录等）进行全方位加密处理。在存储层面，通过加密存储技术确保数据即使在物理介质上被窃取，也无法被未经授权的第三方轻易解密。而在数据传输过程中，利用安全套接层或传输层安全协议，对数据进行加密封装，防止数据在传输过程中被截获或篡改，有效保障了数据的机密性和完整性。

访问控制策略作为数据安全的重要防线，智慧校园智能管理系统采用了基于角色的访问控制模型，并结合属性基访问控制的灵活性，实现了精细化的权限管理。系统根据用户的角色、职责以及属性（如部门、职位、项目参与情况等）动态分配访问权限，确保每个用户仅能访问其工作所需的数据资源，从而避免了权限滥用和敏感数据泄露的风险。此外，系统还引入了多因素认证机制，如密码、生物识别、动态令牌等，增强了用户身份验证的复杂性和安全性，进一步提升了访问控制的有效性。

为应对不断演变的安全威胁，智慧校园智能管理系统还建立了数据加密算法与访问控制策略的定期审查与更新机制。通过定期评估现有加密技术的安全性、算法强度以及访问控制策略的有效性，系统能够及时发现并采纳最新的安全技术成果，确保防护措施始终保持在行业前沿水平。

（二）用户隐私保护机制

智慧校园智能管理系统在数据采集、处理、分析及应用的全生命周期中，均严格遵循匿名处理与最小化收集原则。数据采集时，系统仅收集实现特定功能所必需的最少个人信息，避免无谓的数据冗余和隐私泄露风险。同时，通过数据加密、脱敏等技术手段，确保原始数据在存储和处理过程中的安全性。在数据处理和分析阶段，系统采用先进的匿名化处理技术，如差分隐私、k- 匿名等，对数据进行匿名化或伪名化处理，使得数据在保持一定统计特性的同时，无法直接关联具体个体，从而有效保护用户的个人隐私。此外，系统还设计了灵活的隐私偏好设置功能，允许用户根据个人意愿随时调整数据共享范围、访问权限等隐私设置，增强了用户对自身信息控制的主动性和便捷性。

（三）风险评估与应急响应计划实施

为有效应对潜在的安全威胁和突发事件，智慧校园智能管理系统构建了全面的风险评估与应急响应体系。在风险评估方面，系统采用自动化扫描工具与人工渗透测试相结合的方式，定期对校园网络环境、系统架构、应用服务等进行全面扫描和评估，识别潜在的安全漏洞和弱点。同时，结合威胁情报分析和安全态势感知技术，实现对安全风险的实时监控和预警，确保及时发现并应对潜在的安全威胁。在应急响应计划方面，系统制订了详尽的应急预案和操作流程，明确了不同安全事件（如数据泄露、网络攻击、系统故障等）的应急响应级别、处置流程、责任人员及所需资源。通过模拟演练和实战演练相结合的方式，不断提升相关人员的应急响应能力和协同作战能力，确保在发生安全事件时能够迅速启动应急预案、有效控制事态发展、降低损失和影响。

（四）法律法规遵从与伦理考量

在智慧校园智能管理系统的设计与运行过程中，严格遵守国家法律法规和相关政策要求，是保障系统合法性和合规性的重要前提。系统通过深入研究并遵循《中华人民共和国网络安全法》《中华人民共和国个人信息保护法》等法律法规，能确保数据收集、存储、处理、共享等各个环节均符合法律要求。同时，系统还要注重与国际隐私保护标准的接轨，如 ISO/IEC 27001 信

息安全管理体系、GDPR（欧盟通用数据保护条例）等，不断提升自身的合规水平。在伦理考量方面，系统充分尊重用户的隐私权和知情权，避免任何形式的隐私侵犯和不当使用。通过透明的数据处理流程、明确的隐私政策、便捷的隐私投诉渠道等方式，向用户充分告知数据收集的目的、范围、方式、存储期限以及可能的共享对象等信息，确保用户能够充分了解并控制自己的个人信息。此外，系统还注重数据使用的最小必要原则，避免无目的、无限制的数据收集和使用，以减少对用户隐私的潜在威胁。

第四节　智慧校园安防管理系统

智慧校园安防管理系统是指利用物联网、大数据、人工智能、云计算等现代信息技术，对校园内的安全环境进行实时监测、预警、分析与处置的综合性管理系统，该系统通过集成视频监控、入侵检测、紧急报警、智能巡逻等多个功能模块，实现了对校园安全的全方位、多层次实时防护。具体而言，视频监控模块负责实时捕捉校园内的图像信息，并通过智能分析技术识别异常行为；入侵检测模块则通过周界防护、电子围栏等手段，防止非法入侵；紧急报警模块在检测到紧急情况时，能够迅速触发报警机制，并通知相关人员进行处理；智能巡逻模块则利用智能机器人或无人机等设备，对校园进行自动巡逻，提高巡逻效率，扩大覆盖范围。

“智慧校园安防系统主要用于对校园内部存在安全隐患的区域进行重点监控，整个监控过程采用智慧化的技术方式，并结合校园安保人员的定时巡逻共同完成校园安防。”[①] 智慧校园安防管理系统的运行离不开物联网、大数据、人工智能、云计算等关键技术的支撑。物联网技术通过部署各类传感器与智能终端，实现了对校园内各种安防设备的互联互通与数据共享；大数据技术通过对海量安防数据的收集、清洗、整合与分析，挖掘出隐藏在数据背后的有价值的信息；人工智能技术通过机器学习、深度学习等算法，实现了对安防数据的智能分析与预测；云计算技术则为系统提供了强大的计算能力与存储能力，保障了系统的稳定运行与高效处理。

① 马广瑞．智慧校园安防系统建设研究［J］．信息与电脑（理论版），2021，33（13）：104.

一、智慧安防管理系统的技术构成

（一）智能视频监控系统

智能视频监控系统是智慧校园安防管理系统的核心组成部分，该系统采用高清摄像技术，能够清晰捕捉校园内各个地方的图像信息，并通过智能分析技术实现对人脸、行为等特征的自动识别与跟踪。在异常事件检测方面，智能视频监控系统能够自动检测并预警校园内的异常行为（如徘徊、奔跑、打斗等），并通过报警机制及时通知相关人员进行干预处理。此外，该系统还支持视频回放与取证功能，为事后调查与分析提供了有力支持。

（二）入侵检测与防范技术

入侵检测与防范技术是保障校园安全的重要屏障，通过周界防护、电子围栏等物理防范手段，构建了校园的第一道安全防线。同时，生物识别、RFID 等技术的引入进一步提升了人员出入管理的智能化水平。生物识别技术通过识别个体的生物特征（如指纹、面部、虹膜等），实现了对人员身份的快速验证与识别；RFID 技术则通过为师生员工配发 RFID 标签或门禁卡，实现了对人员进出校园的精细化管理，这些技术的应用不仅提高了校园安防的智能化水平，还有效防止了非法入侵事件的发生。

（三）应急指挥与调度系统

应急指挥与调度系统是智慧校园安防管理系统的关键组成部分，通过构建应急响应流程与应急预案库，实现了对突发事件的快速响应与有效处置。在应急响应过程中，系统能够迅速启动相关功能模块（如视频监控、紧急报警等），并通过地理信息系统（GIS）进行可视化指挥调度。GIS 技术的应用使得指挥人员能够在第一时间直观地了解事件发生地点、周边环境及可用资源等信息，从而作出更加科学合理的决策与调度。此外，系统还支持多部门协同作战与信息共享功能，确保了应急响应的高效与有序。

二、智慧校园安防管理系统的数据分析

（一）数据采集与整合

数据采集与整合是智慧校园安防管理系统实现智能化管理与决策的基础，

该系统通过物联网设备（如摄像头、传感器等）实现对校园内各种安防数据的全面采集。在数据采集过程中，系统采用多种技术手段来（如数据加密、数据压缩等）确保数据的安全性与可靠性。随后，系统再利用数据清洗与整合技术对数据进行预处理与整合，形成统一的数据格式与标准，这一过程不仅提高了数据的可用性与准确性，还为后续的数据分析与智能决策提供了有力支持。

（二）大数据分析与智能决策

大数据分析与智能决策是智慧校园安防管理系统的核心优势，利用大数据分析技术可以深入挖掘安防数据中的潜在价值信息，并通过构建预测模型实现对潜在风险的提前识别与预警。具体而言，系统通过对历史安防数据的分析学习，掌握了校园内各类安全事件的发生规律与特征；随后，系统利用这些规律与特征构建预测模型，对未来可能发生的安全事件进行预测与评估。在智能决策方面，系统通过引入AI算法实现了对安防数据的智能分析与处理；同时结合专家知识库与决策支持系统，为相关人员提供了科学合理的决策建议与解决方案，这些决策建议与方案不仅提高了校园安防的智能化水平，还降低了人为因素导致的误判与漏判风险。

三、智慧校园安防管理系统的用户参与

在智慧校园安防管理系统的构建中，用户友好型界面设计不仅是提升用户体验的关键环节，更是促进系统高效运行与广泛接受的基础。首先，界面设计需遵循直观性原则，通过清晰的布局、明确的导航以及图标与文字的合理搭配，用户能够迅速理解并操作各项功能；其次，考虑不同用户群体的需求差异，界面设计需具备高度的可定制性，并允许用户根据个人偏好调整界面布局、颜色主题等，以增强使用过程中的舒适感与满意度；最后，实现多终端无缝对接是提升系统便捷性的重要途径，通过开发适配手机App、PC端、平板等多种设备的客户端软件，并确保各终端间数据同步、功能一致，用户可以随时随地通过任意设备访问安防管理系统，实现远程监控、报警处理、数据分析等功能，极大地提高了系统的灵活性和实用性。

四、智慧校园安防管理系统的隐私保护

随着智慧校园安防管理系统的广泛应用，隐私保护与数据安全已成为不可忽视的核心议题。系统需采用先进的数据加密技术，如AES、RSA等，对

传输及存储过程中的敏感数据进行加密处理，确保数据在任何环节均不被非法窃取或篡改。同时，建立完善的访问控制机制，通过身份认证、权限分配等手段，严格限制不同用户对数据的访问权限，防止数据泄露风险。在保障安全的同时，尊重用户隐私亦至关重要。系统应明确告知用户数据收集、处理、存储的目的、范围及方式，并提供便捷的隐私设置选项，让用户能够自主控制个人信息的公开程度。此外，还应建立健全的隐私保护政策与应急响应机制，确保一旦发生隐私泄露事件，能够迅速启动应急预案，最大限度地减少用户损失。

五、智慧校园安防管理系统的实施评估

（一）系统规划与部署策略的科学制订

智慧校园安防管理系统的成功实施，离不开科学合理的系统规划与部署策略。首先，需深入分析校园安防的实际需求，包括监控区域、报警类型、数据处理能力等，以此为基础制订系统建设的总体目标与具体方案；其次，采用分步实施、逐步完善的策略，先期部署关键区域与核心功能，随后根据运行情况与反馈意见逐步扩展至全校范围，确保系统建设的稳步推进与持续优化。

（二）效果评估与优化建议的精准提出

为客观评价智慧校园安防管理系统的运行效果，需建立一套全面、科学的评估指标体系，该体系应涵盖系统稳定性、响应速度、识别准确率、用户满意度等多个维度，通过定期收集与分析实际运行数据，全面评估系统性能与用户体验。基于评估结果，提出针对性的优化与改进建议，如优化算法提升识别精度、升级硬件设备增强系统稳定性、改进界面设计提升用户体验等，确保系统能够持续适应校园安防需求的不断变化，为校园安全提供坚实保障。

第六章　智慧校园数据中心建设

第一节　云数据中心技术与搭建

随着信息技术的飞速发展，智慧校园作为教育信息化的高级阶段，其构建不仅依赖于传统 IT 基础设施的升级，更需要引入先进的数据中心技术以应对日益增长的数据处理需求、复杂多变的业务场景以及对高效、灵活、安全服务模式的追求。“面对智慧校园建设阶段信息化需求激增的现状，需要建立起一套更为高效和开放的线上数据共享体系，实现‘一次治理、多次复用’，并依靠数据中心平台强大的开放性，集合更多开发资源，实现智慧校园开放生态的初步形成。”[①] 云数据中心技术，凭借其虚拟化、按需服务、资源池化等核心特性，已成为智慧校园建设不可或缺的技术支撑，其引入的必然性体现在能够有效解决传统数据中心资源利用率低、运维成本高、扩展性差等问题，同时提供弹性伸缩、高可用性、安全性强等显著优势，为智慧校园的可持续发展奠定坚实基础。

一、云数据中心的技术基础

云计算的核心特征包括虚拟化技术、按需服务、资源池化等。虚拟化技术是实现云计算的关键，它允许将物理资源抽象成逻辑资源，提高资源利用率；按需服务使用户能够根据实际需求灵活购买和使用计算资源；资源池化则通过统一的资源管理平台，实现资源的动态分配与调度。

（一）云数据中心技术的架构

云数据中心通常采用基础设施即服务（IaaS）、平台即服务（PaaS）、软件即服务（SaaS）的三层服务模式。IaaS 层提供基础的计算资源、存储资源和网络资源，用户可直接操作虚拟机、存储设备等资源；PaaS 层在 IaaS 层之上

① 钟兆国．智慧校园数据中心的安全建设［J］．电脑高手，2021（4）：2001.

构建软件开发和运行环境，提供数据库、中间件等服务，降低用户开发难度；SaaS层则直接面向用户提供应用软件服务，使用户无须关心底层技术和运维，通过浏览器或客户端即可使用。

（二）云数据中心技术的关键技术

第一，虚拟化技术。服务器虚拟化通过软件将物理服务器划分为多个虚拟服务器，提高硬件资源利用率；存储虚拟化将物理存储设备整合成一个逻辑存储单元，实现数据的集中管理和高效访问；网络虚拟化则提供虚拟网络环境，支持网络资源的灵活配置和隔离。

第二，容器化技术。Docker与Kubernetes作为容器化技术的代表，在云数据中心中得到了广泛应用。Docker通过轻量级容器实现应用的快速部署和迁移，Kubernetes则提供容器编排和管理功能，确保容器在集群中的高效运行和动态扩展。

第三，自动化运维。CI/CD（持续集成/持续部署）流程和DevOps文化的引入，极大地提高了云数据中心的运维效率。CI/CD通过自动化工具来实现代码集成、构建、测试和部署，缩短产品交付周期；DevOps则强调开发与运维的紧密协作，共同承担产品生命周期的责任，促进快速迭代和持续改进。

第四，数据安全与隐私保护。在云数据中心，数据加密技术、访问控制机制和合规性管理是保证数据安全与隐私的关键。数据加密技术能确保数据在传输和存储过程中的机密性；访问控制机制通过身份验证和授权，限制用户对数据的访问权限；合规性管理则要求云数据中心遵循相关行业法规和标准，确保数据处理的合法性和合规性。

二、云数据中心的搭建路径

（一）云数据中心搭建的需求

教育信息化发展趋势下的数据需求增长：随着智慧校园建设的深入，教学、科研、管理等多个领域的数据量呈爆炸式增长，这些数据不仅包括结构化数据（如学生成绩、教师课件信息等），还包括大量非结构化数据（如教学视频、科研文献等）。因此，智慧校园云数据中心需要具备强大的数据处理能力和存储容量，以满足不断增长的数据需求。

1. 智慧校园应用需求

云数据中心搭建的智慧校园应用需求主要包括以下方面：①教学管理，包括课程安排、成绩管理、在线教学等，要求云数据中心提供稳定可靠的服务支持，确保教学活动的顺利进行；②学生服务，如一卡通系统、图书借阅、宿舍管理等，需要云数据中心实现数据的快速响应和高效处理，提升学生服务体验；③科研支持，科研活动往往涉及大量数据的收集、处理和分析，云数据中心需提供高性能计算和大数据分析能力，助力科研成果的产出；④校园安全，视频监控、门禁系统等安全设施的数据应实时传输至云数据中心进行处理和分析，以便及时发现并应对安全事件。

2. 特定需求挖掘

云数据中心搭建的特定需求主要包括以下方面：①高性能计算需求，针对科研领域的高性能计算需求，云数据中心需配置高性能计算集群或提供GPU 加速等服务；②大数据分析能力，通过大数据分析技术挖掘教学、科研、管理等领域的数据价值，为决策提供科学依据；③弹性扩展需求，随着业务的不断发展，云数据中心需具备灵活的扩展能力，以应对突发的数据增长和访问量激增。

（二）云数据中心搭建的原则

第一，模块化与可扩展性设计。云数据中心应采用模块化设计思想，将不同功能模块独立封装，便于后续扩展和升级。同时，通过资源池化技术实现计算资源、存储资源和网络资源的动态分配与调度，满足业务发展的需求。

第二，高可用性与容错性设计。为确保服务的连续性和可靠性，云数据中心需采用高可用性和容错性设计。通过冗余部署、负载均衡、故障自动切换等技术手段，提高系统的稳定性和可靠性。同时，还应建立完善的监控和预警机制，及时发现并处理潜在问题。

第三，绿色节能与环保设计。在云数据中心的建设过程中，应注重绿色节能和环保设计。通过优化物理环境布局、采用高效节能设备、实施智能温控策略等措施，降低能耗和碳排放。同时，考虑使用可再生能源作为补充能源，实现绿色环保可持续发展。

第四，安全可靠设计。云数据中心的安全可靠设计涉及多个方面：首先，加强数据加密和访问控制机制，确保数据的机密性和完整性；其次，制订完善的应急响应和灾难恢复计划，以应对突发事件和灾难性事件的影响。

（三）云数据中心搭建的步骤

1. 规划阶段

云数据中心搭建的规划阶段主要包括以下方面：①需求分析细化，根据智慧校园的实际需求，对云数据中心的功能、性能、安全等方面进行详细分析，明确建设目标和要求；②架构设计，根据需求分析结果，设计云数据中心的总体架构和详细方案，包括计算资源、存储资源、网络资源的配置方案；虚拟化、容器化、自动化运维等技术的实施方案，以及对安全、备份、恢复等保障措施的设计；③预算规划，根据设计方案和市场价格信息，编制云数据中心建设的预算计划，包括硬件设备购置费用、软件许可费用、运维服务费用等。

2. 基础设施建设

云数据中心搭建的基础设施建设主要包括以下方面：①物理环境准备，包括机房选址、装修、供电、制冷等方面的准备工作，确保机房具备足够的空间、稳定的电力供应和良好的散热条件；②网络架构搭建，根据设计方案搭建网络架构，包括核心交换机、汇聚交换机、接入交换机等网络设备的配置和连接，配置防火墙、入侵检测等安全设备，保障网络的安全性和可靠性。

3. 云平台部署

（1）选择云平台服务商或自建云环境评估。根据预算、技术实力等因素选择适合的云平台服务商或自建云环境。对云平台服务商的服务质量、技术实力、价格等方面进行全面评估和比较；对自建云环境进行技术可行性分析和风险评估。

（2）虚拟化层部署与配置。在物理服务器上部署虚拟化软件（如VMware、Hyper-V等），创建虚拟机和虚拟网络等资源。对虚拟化层进行配置和优化，从而确保虚拟资源的稳定性。

（3）容器管理平台（如Kubernetes）集成。在虚拟化层之上部署容器管理平台，实现容器的编排和管理。配置容器的镜像仓库、服务发现、负载均衡等功能，确保容器在集群中的高效运行和动态扩展。

（4）资源池构建。根据智慧校园的需求和资源情况构建资源池，包括计算资源池（虚拟机集群）、存储资源池（分布式存储系统）、网络资源池（虚拟网络）等，通过资源池化管理实现资源的动态分配和调度。

（5）服务与应用部署。根据智慧校园的具体需求定制服务并部署教育应

用，包括教学管理系统、学生服务系统、科研支持系统等。通过容器化或虚拟化技术将应用部署到资源池中，并配置相应的访问控制和安全策略。

（6）监控与运维体系建立。建立完善的监控系统和运维体系，包括监控系统的设计和部署（如 Zabbix、Prometheus 等），实现对云数据中心各项指标的实时监控和预警；制定运维流程和应急响应机制，确保在出现问题时能够迅速响应并恢复服务。

（四）云数据中心搭建的优化

1. 性能评估与优化策略

（1）负载均衡。云数据中心面临的挑战之一是如何在高并发场景下保持服务的稳定性和响应速度。负载均衡技术通过智能地将用户请求分配到多个服务器上，有效分散处理压力，避免单点故障的发生，确保系统整体性能。实施中，需结合业务特性，采用动态调整算法，如轮询、最少连接数等，以适应不同的负载场景。

（2）缓存策略。缓存是提升数据访问速度的关键手段，在云数据中心，合理部署缓存层，如使用 Redis、Memcached 等缓存系统，可以显著减少对后端数据库的访问次数，降低延迟。同时，需制定缓存时效策略，如 LRU（最近最少使用）算法，确保缓存数据的时效性和准确性。

（3）资源调度优化。资源调度是云数据中心性能优化的核心环节，通过引入虚拟化技术，如 Docker 容器化、Kubernetes 集群管理，实现对计算资源、存储资源及网络资源的动态分配与调整。利用云计算平台的弹性伸缩能力，根据业务负载自动调整资源规模，以提高资源利用率、降低运营成本。

2. 自动化运维实践

（1）AI 辅助运维。随着 AI 技术的成熟，其在运维领域的应用日益广泛。通过集成机器学习算法，云数据中心能够实现对系统日志的智能分析，预测潜在故障，提前进行干预。同时，AI 还能辅助进行性能调优，自动调整系统参数，以达到最佳运行状态。

（2）智能预警与故障排查。建立智能监控系统，实时监控云数据中心各项指标，如 CPU 使用率、内存占用率、网络流量等，一旦发现异常会立即触发预警机制。结合故障树分析、根因分析等方法，快速定位故障点，缩短故障恢复时间。

3. 运维团队培训与技能提升

云技术日新月异，运维团队需不断学习新知识、掌握新技能。企业应定期组织云技术、DevOps文化等培训，提升团队对云计算平台的理解与应用能力。鼓励团队成员参与开源项目，提升实战经验，促进知识共享与交流。

4. 持续优化与迭代

基于数据反馈进行持续改进是云数据中心运维管理的关键。通过收集并分析运维过程中的各项数据，如性能指标、故障记录等，识别“瓶颈”与不足，再制定针对性的优化措施。同时，建立持续集成/持续部署（CI/CD）流程，加快软件迭代速度，确保系统始终保持最佳状态。

（五）云数据中心搭建的保障

1. 全面的安全策略制定

全面的安全策略制定主要包括以下方面：①物理安全，加强数据中心物理环境的防护，包括门禁管理、视频监控、环境监测等措施，防止非法入侵与物理破坏；②网络安全，部署防火墙、入侵检测系统（IDS/IPS）等安全设备，构建多层次防御体系，采用加密技术保护数据传输安全，如TLS/SSL协议；③数据安全，实施数据加密存储，确保敏感数据在传输与存储过程中的机密性。同时，建立完善的数据备份与恢复机制，防止数据丢失或损坏。

2. 合规性管理

遵循教育行业相关法规与标准，如《中华人民共和国网络安全法》《教育行业网络安全等级保护基本要求》等，建立健全的合规管理体系。定期进行合规性审计，确保云数据中心运营符合法律法规要求。

3. 应急响应与灾难恢复计划

制订详细的应急响应预案，明确各类安全事件的处置流程与责任人。定期进行灾难恢复演练，检验预案的有效性，提升团队的应急响应能力和处理应对能力。确保在发生自然灾害、人为破坏等突发事件时，能够迅速恢复业务运行，保障教育教学的连续性与稳定性。

第二节　数据中心虚拟化

在信息技术飞速发展的今天，智慧校园作为教育信息化的高级形态，对数据处理能力、资源灵活调度及安全可靠性提出了更高要求。传统数据中心架构面临着资源利用率低、管理复杂度高、扩展性受限等挑战，难以满足智慧校园日益增长的业务需求。“从一开始的注重网络基础设施建设，逐步过渡到建设各部门业务系统的数字化校园建设，再到最近流行的注重服务的智慧校园建设。”① 因此，数据中心虚拟化作为提高资源利用效率、增强系统灵活性和可管理性的关键技术，成为智慧校园数据中心升级的必然选择。虚拟化技术通过抽象物理资源，能够实现计算资源、存储资源和网络资源的逻辑隔离与动态分配，为智慧校园提供了高效、灵活、安全的数据中心解决方案。

一、数据中心虚拟化的框架体系

（一）硬件虚拟化与软件虚拟化的区别

根据虚拟化对象的不同，虚拟化技术可分为硬件虚拟化和软件虚拟化两大类。

第一，硬件虚拟化。通过在物理硬件与操作系统之间插入一个虚拟化层（如 Hypervisor），实现对物理硬件资源的完全控制，允许在同一物理机上同时运行多个操作系统实例，每个实例均认为自己独占硬件资源，这种方式具有较高的性能和隔离性，通常适用于需要高安全性和高性能的应用场景。

第二，软件虚拟化。软件虚拟化主要通过在用户空间运行特定的软件来模拟完整的计算环境，如容器技术（如 Docker），它侧重轻量级和快速部署，适用于微服务架构和云原生应用。与硬件虚拟化相比，软件虚拟化在资源隔离和性能上可能略逊一筹，但在特定场景下则能提供更灵活的部署选项。

（二）虚拟化层的关键组件与功能

虚拟化层的核心组件包括硬件虚拟化场景（Hypervisor）、虚拟机管理器

① 潘胜玲．智慧校园数据中心建设研究［J］．电子世界，2020（2）：41.

（VMM）、虚拟机监控器（VMMonitor）等，它们共同负责资源的抽象、分配、隔离和安全保障。Hypervisor 作为虚拟化技术的核心，负责直接管理物理硬件资源，并向上层提供一致的虚拟硬件接口，使得虚拟机能够稳定运行。虚拟机管理器则负责虚拟机的创建、配置、监控和迁移等管理工作，确保虚拟环境的稳定运行。

（三）虚拟化技术在数据中心的应用场景

第一，服务器虚拟化提高资源利用率。服务器虚拟化通过在一台物理服务器上运行多个虚拟机，实现了计算资源的灵活分配和高效利用。在智慧校园中，通过服务器虚拟化，可以根据业务需求动态调整虚拟机的数量和配置，有效避免了资源闲置和浪费。同时，服务器虚拟化还提供了高可用性和容灾备份机制，保障了关键业务的连续运行。

第二，存储虚拟化实现数据高效管理。存储虚拟化将物理存储设备抽象为逻辑存储资源池，实现了存储资源的集中管理和高效利用。在智慧校园中，存储虚拟化可以整合多种存储介质（如 HDD、SSD、NAS 等），并提供统一的存储访问接口，简化了数据管理流程。此外，存储虚拟化还支持数据迁移、备份恢复和快照等功能，进一步提高了数据的安全性和可用性。

第三，网络虚拟化增强网络灵活性与安全性。网络虚拟化通过软件定义网络（SDN）技术，将网络功能从物理设备中解耦出来，实现了网络资源的灵活配置和动态调整。在智慧校园中，网络虚拟化可以构建多用户网络环境，实现不同业务之间的逻辑隔离和安全访问控制。同时，网络虚拟化还支持网络流量的精细管理和优化，提高了网络资源的利用效率和用户体验。

虚拟化技术还为数据中心带来了诸多优势，如降低运营成本、增强系统灵活性和可管理性等。然而，虚拟化技术的应用也面临着一些挑战，如虚拟化环境下的性能损耗、安全隔离机制的复杂性以及运维管理难度的增加等。因此，在智慧校园数据中心虚拟化建设过程中，需要充分考虑这些挑战并采取相应的措施加以应对。

二、数据中心虚拟化的多元要求

（一）智慧校园业务场景的多样化需求

智慧校园涵盖教育教学、科研管理、校园服务等多个业务领域，每个领

域都有其独特的业务需求和资源使用特点。因此，在智慧校园数据中心虚拟化建设过程中，需要充分考虑这些多样化需求，实现资源的灵活部署和高效利用。

第一，教育教学资源的灵活部署。教育教学资源是智慧校园的重要组成部分，包括在线课程、教学视频、学习资料等，这些资源需要根据课程安排和学生需求进行灵活部署和动态调整。通过虚拟化技术，可以实现教学资源的快速部署和按需分配，进而提高教学资源的利用率和用户体验。

第二，科研数据的高性能计算需求。科研活动对计算资源的需求往往较高，尤其是在大数据处理、模拟仿真等领域。虚拟化技术可以通过资源池化和管理优化，为科研活动提供高性能计算环境。同时，虚拟化技术还支持资源的动态扩展和负载均衡，以确保科研活动的顺利进行。

（二）数据安全与隐私保护的创新挑战

在智慧校园中，数据安全与隐私保护是首要任务。虚拟化技术虽然提高了资源的灵活性和可管理性，但也带来了新的安全挑战。

第一，虚拟化环境下的安全隔离机制。虚拟化环境中的虚拟机之间需要实现严格的安全隔离，以防止数据泄露和恶意攻击，这就要求虚拟化平台具备强大的安全隔离机制，如基于角色的访问控制（RBAC）、虚拟防火墙等。同时，还需要对虚拟机进行定期的安全审计和漏洞扫描，确保虚拟环境的安全性。

第二，数据加密与访问控制策略。对于敏感数据，如学生个人信息、科研成果等，需要采用数据加密技术进行保护。虚拟化平台应支持数据加密存储和传输功能，确保数据在存储和传输过程中的安全性。同时，还需要制定严格的访问控制策略，限制非授权用户对数据的访问。

（三）运维管理的智能化转型

随着智慧校园业务规模的不断扩大和复杂度的增加，传统的运维管理模式已难以满足当下需求。因此，智慧校园数据中心虚拟化建设需要推动运维管理的智能化转型。

第一，自动化运维工具与平台的构建。通过构建自动化运维工具和平台，可以实现监控、告警、故障排查等运维任务的自动化处理，不仅可以提高运维效率和质量，还可以降低运维成本和人为错误的风险。自动化运维平台应具备可扩展性和可定制性，以满足不同业务场景的需求。

第二，故障预测与快速响应机制。通过引入大数据分析和人工智能技术，可以实现对系统运行状态的实时监控和故障预测。当系统出现异常或潜在故障时，运维平台能够自动触发告警并启动快速响应机制，及时定位问题所在点并采取措施进行处理，从而有助于降低故障对业务的影响并提高系统的稳定性和可靠性。

三、数据中心虚拟化的设计实施

在智慧校园的建设进程中，数据中心虚拟化作为核心支撑技术，其设计与实施策略直接关系校园信息化水平的提升与未来扩展的灵活性。数据中心虚拟化的设计实施主要包括以下方面：

（一）架构设计原则与思路

1. 模块化与可扩展性设计

智慧校园数据中心虚拟化架构设计首要遵循模块化原则，即将数据中心划分为多个独立且相互关联的模块，如计算资源池、存储资源池、网络资源池等。每个模块内部实现高度集成，模块之间则通过标准化的接口进行连接与交互，从而确保系统结构的清晰性与可扩展性。随着校园信息化需求的不断增长，可轻松通过增加模块或升级现有模块来扩展数据中心容量，满足未来业务不断发展的需求。

2. 弹性伸缩与负载均衡策略

为实现资源的高效利用与服务的持续稳定，智慧校园数据中心需引入弹性伸缩与负载均衡机制。通过实时监控资源使用情况和服务负载状态，自动调整资源分配，确保在高并发访问或资源需求波动时，系统能够快速响应并保持稳定运行。同时，负载均衡技术的应用能够有效分散服务请求，避免单点过载，提高整体服务质量和用户满意度。

（二）关键技术选型与部署

1. 虚拟化平台的选择与配置

虚拟化平台是智慧校园数据中心虚拟化的基石，其选择需综合考虑技术成熟度、兼容性、性能表现及成本效益等因素。目前市场上主流的虚拟化平

台如 VMware vSphere、Hyper-V、KVM 等，均具备强大的虚拟化能力，支持广泛的操作系统和应用程序。在配置时，需根据校园实际需求，合理规划虚拟机的数量、配置及网络拓扑结构，确保资源的高效利用与管理的便捷性。

2. 云计算与大数据技术的融合

智慧校园数据中心虚拟化不仅局限于资源层面的虚拟化，更需结合云计算与大数据技术，实现服务的智能化与数据的深度挖掘。通过构建云计算平台，提升弹性计算、按需服务的能力，以满足校园各类业务的快速部署与灵活扩展需求。同时，利用大数据技术对数据中心产生的海量数据进行收集、存储、处理与分析，挖掘数据背后的潜在价值，为校园决策提供有力支持。

（三）运维管理体系的建立

1. 运维流程与标准的制定

为确保智慧校园数据中心的高效运维，需建立一套完善的运维流程与标准体系，包括日常巡检、故障处理、性能优化、安全加固等各个环节的详细操作流程与规范，确保运维工作的标准化与规范化。同时，通过引入自动化运维工具与平台，提高运维效率与准确性，降低人为错误风险。

2. 运维团队的技能提升与培训

运维团队是智慧校园数据中心运维管理的核心力量，其技能水平直接影响着运维质量与效率。因此，需加强对运维团队的技能培训与知识更新，提升其在虚拟化技术、云计算平台、大数据处理等方面的专业能力。同时，建立激励机制，鼓励团队成员持续学习与创新，保持团队的活力与竞争力。

四、数据中心虚拟化的评估优化

（一）效益评估指标体系的构建

第一，成本节约与资源利用率的提升。通过数据中心虚拟化，可以实现硬件资源的共享与复用，降低物理服务器的采购与运维成本。同时，通过优化资源分配与利用，提高资源使用效率，减少能源消耗与碳排放。

第二，业务响应速度与用户体验的改善。数据中心虚拟化与云计算的结合，能够显著提升服务的部署速度与弹性扩展能力，从而加快业务响应速度。同时，通过负载均衡与故障转移机制的应用，确保服务的高可用性与稳定性，切实提升用户体验。

第三，安全性与稳定性的增强。数据中心虚拟化通过引入虚拟化隔离、访问控制、数据加密等安全技术措施，有效提升了系统的安全性与稳定性。同时，通过实时监控与预警机制的应用，能够及时发现并处理潜在的安全隐患与故障风险，确保系统的持续稳定运行。

（二）持续优化与迭代策略

第一，技术跟踪与前瞻布局。随着技术的不断进步与发展，智慧校园数据中心虚拟化技术也需不断更新与迭代，需密切关注行业动态与技术发展趋势，及时跟踪新技术、新方法的出现与应用情况。同时，结合校园实际需求与未来发展规划，进行前瞻性的技术布局与储备工作，确保数据中心始终保持技术领先性与竞争力。

第二，用户反馈与需求驱动的优化。用户反馈是评估与优化智慧校园数据中心虚拟化效果的重要依据，需建立健全的用户反馈机制与渠道，及时了解用户需求与痛点问题。基于用户反馈与需求分析结果，及时对数据中心进行有针对性地优化与改进工作，提升用户满意度与忠诚度。

第三，运维数据的分析与利用。运维数据是评估与优化智慧校园数据中心性能与效率的重要资源，需加强对运维数据的收集、存储、处理与分析工作，深入挖掘数据背后的价值信息。通过数据分析发现系统瓶颈与潜在问题点，为优化决策提供有力支持。同时，利用数据分析结果指导未来的技术选型与资源配置工作，实现数据中心性能与效率的持续提升。

第三节　数据中心安全性研究

一、数据中心架构与安全挑战

（一）数据中心基础设施架构概览

在智慧校园的建设中，数据中心作为核心支撑平台，其基础设施架构的稳固与安全至关重要。从硬件层面而言，数据中心集成了高性能的服务器集群，这些服务器不仅承载着校园内各类应用系统的运行，还负责处理海量数

据的存储与计算任务。存储系统则采用先进的SAN（存储区域网络）或NAS（网络附加存储）技术，确保数据的高效访问与冗余备份。此外，网络设备（如交换机、路由器等）共同构成了复杂而高效的网络拓扑结构，以支持数据的高速传输与交换。从软件层面而言，虚拟化技术成为数据中心资源管理的关键手段。通过虚拟化，可以将物理资源（如CPU、内存、存储）抽象成逻辑资源，实现资源的灵活分配与动态调整，提高资源利用率。同时，云平台管理系统的引入，进一步简化了IT基础设施的管理复杂度，实现了资源的自动化部署、监控与运维。云平台不仅支持多租户隔离，确保不同应用间的数据安全，还提供了丰富的API接口，便于与第三方服务集成，拓展数据中心的功能边界。

（二）智慧校园数据特性与安全需求

智慧校园的数据类型多样且量级庞大，包括学生信息、教职工档案、教学科研数据、校园监控视频等，这些数据不仅具有高度的敏感性，还直接关系学校网络的正常运行与师生的个人隐私。因此，智慧校园数据中心在数据安全方面面临着严峻的挑战。首先，隐私保护是首要任务，学生及教职工的个人信息如身份证号码、联系方式等属于敏感数据，必须采取严格的加密措施，防止未经授权的访问与泄露；其次，对于教学科研数据，特别是涉及知识产权的科研成果，需要建立严格的访问控制机制，确保数据在合法范围内使用；最后，随着数据量的不断增长，如何高效存储、快速检索并保障数据的完整性与可用性，也是数据中心必须解决的问题。

（三）数据中心面临的主要安全挑战

第一，外部威胁。外部威胁主要包括网络攻击和病毒传播。不法分子可能利用系统漏洞或弱密码等手段，非法侵入数据中心，窃取敏感数据或破坏系统正常运行；病毒传播可能通过电子邮件、恶意网站等渠道，感染数据中心内的服务器或终端设备，导致数据丢失或系统瘫痪。

第二，内部风险。内部风险主要源于人为因素，包括误操作和权限滥用。误操作可能是操作员技能不足或疏忽大意导致，如误删除重要数据、配置错误等。权限滥用则是指具有合法访问权限的人员，利用职权之便非法获取、篡改或泄露敏感数据。

第三，技术漏洞。软硬件缺陷可能导致系统不稳定或易受攻击，如未修复的操作系统漏洞、过时的安全补丁等。协议安全也是不容忽视的问题，如SSL/TLS协议配置不当，则可能导致数据传输过程中的敏感信息被截获。

二、数据中心安全策略与技术

（一）物理安全防护措施

物理安全防护是数据中心安全的第一道防线。首先，建立完善的环境监控系统，实时监测数据中心内的温度、湿度、烟雾等环境参数，确保设备在适宜的环境中运行。其次，制订灾备规划，确保在自然灾害或人为破坏等突发事件发生时，能够迅速恢复数据中心的服务能力。访问控制与门禁系统是物理安全防护的重要组成部分；再次，通过安装门禁系统、监控摄像头等设备，对进出数据中心的人员进行身份验证与行为监控，防止未经授权的访问。最后，还应定期对数据中心进行安全巡查，及时发现并排除潜在的安全隐患。

（二）网络安全防护体系

网络安全防护体系是数据中心安全的核心。首先，应部署防火墙与入侵检测系统，对进出数据中心的网络流量进行过滤与检测，及时发现并阻断恶意攻击；其次，采用加密传输技术（如SSL/TLS）保护数据传输过程中的敏感信息不被截获或篡改；最后，针对分布式拒绝服务攻击等网络威胁，应部署专门的防护设备与流量清洗系统，从而确保数据中心的网络带宽与资源不被恶意占用。

（三）数据安全管理策略

数据安全与管理策略是保障数据中心数据安全的关键。首先，应对数据进行分类分级管理，根据数据的敏感程度与重要性制定相应的安全策略；其次，建立完善的备份与恢复策略，确保数据在遭受意外损失时能够迅速恢复；最后，实施严格的访问控制与审计机制，对数据的访问行为进行记录与监控，防止数据泄露与滥用。

（四）新兴技术防护应用

随着技术的不断发展，新兴技术在数据中心安全性中的应用日益广泛。人工智能与机器学习技术能够通过对海量数据的分析与学习，自动识别并应

对网络攻击与威胁。此外，零信任网络架构的引入，打破了传统的基于边界的安全防护模式，实现了对访问主体与资源的持续验证与动态授权，进一步提升了数据中心的安全性。

三、数据中心的安全管理体系

第一，安全政策与标准制定。制定明确的安全政策与标准，明确数据中心安全管理的目标、原则与要求，这些政策与标准应涵盖物理安全、网络安全、数据安全等多个方面，能够为数据中心的安全管理提供指导与依据。

第二，安全组织架构与职责分配。建立清晰的安全组织架构，明确各级安全管理人员的职责与权限。通过设立专门的安全管理部门或岗位，由专人负责数据中心安全管理的整体规划、执行与监督。同时，加强与其他部门的沟通与协作，形成合力共同推进数据中心的安全管理工作。

第三，安全培训与教育机制。安全培训与教育是提高全员安全意识与技能的重要途径，应定期组织安全培训活动，向全体员工普及网络安全知识、数据安全法规等内容。同时，建立安全考核机制，将安全培训成果纳入员工绩效考核体系，激励员工积极参与安全管理工作。

第四，安全事件应急响应与处理流程。为了有效应对安全事件，应制定详细的安全事件应急响应与处理流程，这些流程应明确安全事件的报告、评估、处置与恢复等各个环节的具体步骤与责任人。同时，建立应急演练机制，定期组织模拟演练活动，检验应急响应预案的可行性与有效性。

第五，安全评估与持续改进机制。建立安全评估与持续改进机制。定期对数据中心的安全性进行全面评估，及时发现潜在的安全隐患与问题。针对评估结果制定改进措施并跟踪实施效果，不断优化安全管理体系与防护策略。同时，关注行业动态与技术发展趋势，及时引入新的安全技术与理念，确保数据中心的安全性始终处于行业领先水平。

第七章　智慧校园教育资源平台

第一节　云平台下教育资源概述

“随着计算机网络技术的发展，云计算这一新的网络技术也逐渐被运用到教学中来，我国教育体系结构也进入以资源为中心转变为以服务为中心的‘云’时代。”①云平台不仅为教育资源的管理和共享提供了全新的模式，更通过虚拟化、分布式计算等技术，打破了传统教育资源的局限性，实现了资源的高效配置与优化利用。

一、云平台的分类与核心技术

（一）云平台的主要分类

云平台是基于互联网的计算模式，利用云计算技术通过虚拟化、分布式计算等核心技术，将各类硬件与软件资源集中管理并提供服务。其最大的特点在于按需服务，用户可以通过互联网随时随地访问平台上的教育资源，而无须拥有实体设备或管理资源。云平台作为教育资源管理的重要基础设施，突破了传统的本地服务器或独立计算机的限制，实现了资源的集中化与虚拟化。云平台不仅是一种技术模式，更是一种新的服务模式。

在智慧校园的背景下，云平台能够承载大量教育资源，包括教材、课件、视频、音频等，方便教师、学生、管理者等教育参与者随时调用，从而推动教学模式的革新。通过云平台，教育资源可以在全球范围内实现实时的共享和传播，提升教育资源的可及性与公平性。云平台根据其部署模式和服务提供方式的不同，主要分为以下类型：

第一，公有云。公有云是由第三方服务提供商运营的云平台，教育机构通过互联网接入公有云平台，利用其为用户提供教育资源与服务。公有云的

① 王琦．云平台下教育资源的应用与研究［J］．商，2015（7）：197.

优势在于低成本、高灵活性，特别适合中小型教育机构。然而，公有云在数据安全与隐私保护方面可能存在一定的挑战。

第二，私有云。私有云是由教育机构内部部署和管理的云平台，其最大的特点是高度安全性与定制化。私有云能够为教育机构提供更高的控制权和数据保护，但建设和维护成本相对较高，主要适用于大型教育机构或对数据安全要求较高的组织。

第三，混合云。混合云是结合了公有云和私有云优势的解决方案，既可以通过私有云保证敏感数据的安全性，又可以通过公有云实现资源的弹性扩展和灵活调配。混合云模式适用于需要灵活扩展资源且同时重视数据隐私的教育机构。

（二）云平台的核心技术

第一，虚拟化技术。虚拟化是云平台的基石，它通过将物理资源虚拟化为多个逻辑资源，提高了资源利用效率。常见的虚拟化技术包括三种类型：一是服务器虚拟化。通过将一台物理服务器虚拟化为多台虚拟服务器，不同的教育应用可以在同一物理服务器上独立运行，从而提高硬件资源的利用率。二是存储虚拟化。存储虚拟化将不同的物理存储设备整合为一个虚拟存储池，教育资源可以在这个虚拟存储池中统一管理和分配，打破了物理存储设备的局限性。三是网络虚拟化。网络虚拟化将物理网络资源分割成多个虚拟网络，实现不同用户之间的网络隔离和安全通信，为远程教育提供了稳定的网络环境。

第二，分布式计算与存储。云平台依赖分布式计算和存储技术，通过将任务分解并分配到多个节点上进行处理，实现了资源的高效利用和快速响应。一是资源池化。通过资源池化技术，云平台将计算、存储和网络资源整合为一个动态分配的资源池，支持大规模用户的并发访问。二是负载均衡。负载均衡技术能够将教育资源访问请求分散到不同的服务器上，避免某一台服务器过载，能够保障平台的稳定性与高效性。三是数据冗余与备份。通过数据冗余和备份技术，云平台能够确保教育资源的安全性和可靠性，即使出现硬件故障或网络中断，也不会导致数据丢失。

第三，云服务管理。为了保障云平台的高效运行，云服务管理技术显得尤为重要。它包括自动化部署、监控和运维管理等技术手段，这些技术手段都能够确保云平台的稳定性和服务质量。自动化部署能够快速实现教育资源的上线与更新，实时监控平台性能并进行故障排除，为用户提供更优质的服务体验。

二、云平台下教育资源的特征

（一）资源共享性增强

在云平台的支持下，教育资源的共享性得到了极大的提升。首先，云平台打破了传统教育资源在地域、设备上的限制，实现了全球教育资源的无缝对接和共享。例如，世界各地的学校和教师可以通过云平台共享课程、课件、实验数据等资源，学生和教师可以跨国界、跨学校获取所需的教育资源。这种资源的全球化共享不仅拓宽了学生的学习视野，也为教育机构的合作与交流提供了便利。其次，云平台通过集中管理和分配资源，极大地降低了教育机构的资源建设成本。学校不再需要购置大量的服务器和存储设备，也不需要专门的技术人员来维护系统，通过租用云平台服务，便可以以较低的成本获得高质量的资源和服务。同时，云平台通过虚拟化技术和分布式存储，确保了资源的高效利用，避免了资源的浪费。

（二）资源更新与扩充便捷

相比传统的教育资源更新方式，云平台可以实现实时更新。无论是教材、教学视频还是研究资料，只要有新的内容产生，教育机构或个人用户都可以第一时间将其上传到云平台上，供全球用户访问。这种实时性保证了教育资源能够紧跟时代的发展，特别是在快速变化的学科领域，如信息技术和人工智能教育中，保持资源的最新性尤为重要。此外，云平台还支持用户上传与共享教育资源，用户不仅是资源的消费者，也是资源的生产者。这种资源共享的模式，使得云平台上的教育资源库更加多样化，能够满足不同层次、不同领域学习者的需求。

（三）个性化学习支持

云平台下的教育资源具备强大的个性化学习支持功能，通过大数据与人工智能技术，云平台可以分析每个学习者的学习行为、兴趣偏好和知识掌握情况，从而为其提供个性化的学习路径推荐。例如，平台可以根据学生的学习进度和知识薄弱环节，推荐适合的学习材料或练习题，从而提升学习效果。

云平台还可以根据学习者的需求提供定制化学习资源，学生可以自由选择学习内容、设定学习目标，并通过平台管理学习进度。这种灵活性不仅提高了学生的学习自主性，也增强了学习过程的针对性与有效性。

（四）互动性与协作性提升

云平台的另一个重要特点是大大提升了教育资源的互动性与协作性，通过在线交流工具和协作平台，学生和教师之间、学生与学生之间的互动变得更加便捷。远程教学模式下，学生可以通过云平台参加在线课程学习，教师可以实时进行答疑、讨论等互动活动。此外，云平台还支持多种协作学习模式，如小组项目、虚拟实验等。学生可以利用平台上的共享资源与工具，进行团队合作和交流，培养协作能力与创新思维。通过远程协作，地理位置不再是学生之间合作的障碍，云平台为跨地域、跨学科的学习合作提供了可能。

综上所述，云平台下的教育资源平台通过其强大的技术支撑和灵活的服务模式，极大地提升了教育资源的可及性、更新速度和个性化支持，同时为学生与教师提供了更多互动与协作的机会，推动了智慧校园建设与教育模式的革新。

第二节　云数据资源平台建设

云数据资源平台是现代智慧校园的重要组成部分，旨在为教育领域提供高效、安全、灵活的数据管理和服务。该平台通过云计算技术的应用，实现了对教育资源的集中存储、处理与共享，并在基础设施层、数据管理层、服务层和应用层之间形成了一套完整的架构设计。在此基础上，各类教育数据资源得以高效整合、分析和利用，这为智慧校园的建设提供了坚实的技术支持。

一、云数据资源平台的架构设计

云数据资源平台的架构设计主要涵盖基础设施层、数据管理层、服务层和应用层，这些层次相互联系、密不可分，共同构成了云数据资源平台的整体框架。

（一）基础设施层设计

第一，云计算资源池构建。基础设施层是云数据资源平台的核心组成部分，主要负责提供平台运行所需的计算资源、存储资源和网络资源。通过构建云计算资源池，各种计算任务得以在虚拟化的环境中高效执行。同时，存储资源池为各类教育数据提供了可靠的存储支持，而网络资源的合理配置则保障了数据传输的安全性和高效性。在构建云计算资源池时，需要综合考虑平台的扩展性和性能要求。通过引入分布式计算技术，云计算资源池能够根据工作负载的变化动态调整资源分配，实现资源的高效利用。此外，存储资源池通常采用分布式存储系统，以保障数据的高可用性和数据存取的灵活性。网络资源池的构建则依赖于高速网络架构，能够保障教育数据在不同节点之间的快速传输和交换。

第二，虚拟化技术部署。为了进一步提高资源利用率，云数据资源平台通常会在基础设施层部署虚拟化技术。服务器虚拟化可以将物理服务器划分为多个虚拟实例，从而提高计算资源的利用效率。通过服务器虚拟化，不同应用程序可以在同一物理服务器上独立运行，从而减少硬件资源的浪费，并提高平台的灵活性和扩展能力。存储虚拟化则通过将物理存储资源抽象为虚拟存储设备，使得不同的应用程序可以共享同一存储资源池。这种方式不仅简化了存储资源的管理，还提升了数据存取的灵活性和效率。网络虚拟化通过将物理网络资源虚拟化，能够创建灵活的虚拟网络拓扑结构，为数据传输提供了更高的安全性和稳定性。

（二）数据管理层设计

第一，数据采集与整合。在云数据资源平台中，数据管理层承担着对各类教育数据的采集、存储和管理功能。多源异构数据的收集是数据管理层的核心任务之一，平台需要从不同的教育应用和服务中获取数据，这些数据可能来自不同的格式、系统或设备。因此，平台必须具备强大的数据整合能力，确保各类数据能够被标准化处理，以供后续分析和利用。在数据采集过程中，数据清洗与转换是必不可少的环节。多源数据往往包含冗余信息、不一致性或噪声，数据清洗的目标则是去除这些干扰，确保数据的完整性和准确性。而数据转换则是将不同格式的数据统一转化为平台能够识别和处理的标准格式，以便后续的数据存储和管理。

第二，数据存储与管理。云数据资源平台通常采用分布式存储系统，以保障数据存取的高效性和数据的高可用性。分布式存储通过在多个存储节点上分散数据存储，避免了单点故障的发生风险，并提高了系统的容错能力。此外，数据仓库与数据湖是数据存储的两种主要形式。数据仓库主要用于存储结构化数据，并为数据分析提供支持；而数据湖则能够存储包括结构化、非结构化和半结构化在内的各种类型的数据，满足不同应用场景的需求。通过构建高效的数据存储架构，云数据资源平台能够有效支撑教育资源的长期保存与分析利用。

第三，数据安全与隐私保护。云数据资源平台需要确保在数据的存储、传输和处理过程中，敏感信息不会被非法访问或篡改。为此，平台通常采用多种安全措施，如数据加密、访问控制和审计日志等。数据加密技术可以在数据传输和存储时对敏感信息进行加密处理，确保即使数据被截获，也无法被非法解读。访问控制机制则通过设置不同权限，确保只有授权用户能够访问和操作特定数据。审计日志能够记录所有的访问和操作行为，为事后审计和安全事件分析提供依据。

（三）服务层设计

第一，数据处理与分析服务。服务层为用户提供多种数据处理与分析服务。批处理通常用于对大量历史数据的集中处理，适用于诸如成绩分析、历史教学数据整理等应用场景。流处理能够对实时数据进行即时处理，适合处理诸如实时监控、在线考试等需要快速响应的教育场景。实时分析服务则能够在数据生成的瞬间对其进行分析和反馈，为智慧校园的决策提供技术支持。通过集成高效的数据处理引擎，云数据资源平台能够提供稳定、快速的数据处理能力，以满足不同教学应用的需求。此外，平台还可以结合人工智能技术，进一步提升数据分析的准确性和智能化水平。

第二，数据可视化与报表服务。数据可视化是云数据资源平台的重要功能之一，能够将复杂的数据转化为直观的图形和图表，可以帮助用户更好地理解和利用数据。通过集成专业的数据可视化工具，平台可以为用户提供多种可视化样式，如折线图、饼图、柱状图等，以便用户根据不同需求生成相应的可视化报表。此外，平台还支持自动生成报表，用户可以根据特定的时间周期或数据类型，定制化生成各种格式的报表，如 PDF、Excel 等。这些报表不仅能够用于数据分析，还可以用于管理决策和教学评估。

第三，API 为开发者服务。云数据资源平台通过提供开放的 API 接口，为开发者提供了丰富的开发工具和资源。通过这些 API，开发者可以轻松访问平台的各种数据和功能，从而构建定制化的教育应用。此外，平台还提供了 SDK 和开发文档，帮助开发者更高效地进行应用开发和集成。开发者社区也是平台的重要组成部分。通过社区的支持，开发者可以分享经验、解决问题，并共同推动平台进一步发展和完善。

（四）应用层设计

第一，定制化应用。应用层为用户提供了多样化的定制化应用，能够根据不同用户的需求提供特定功能。例如，学校管理者可以通过平台定制化生成各类管理报表，而教师则可以根据教学需求，定制化获取学生的学习数据和成绩分析报告。这些定制化应用不仅提升了平台的灵活性，还能够更好地满足智慧校园中不同角色的个性化需求。此外，平台还支持应用的二次开发，用户可以根据实际需求对已有应用进行调整和优化。

第二，第三方应用集成。为了提升平台的功能扩展性，云数据资源平台支持与第三方应用和服务的无缝集成。通过与其他教育软件、教学平台或管理系统的对接，平台能够提供更加丰富全面的教育资源服务。例如，平台可以与在线学习系统、课程管理系统进行集成，实现数据的共享与互通，从而提升智慧校园的整体效能。通过合理的架构设计，云数据资源平台不仅能够为智慧校园提供强大的数据支持，还能够提升校园管理和教学的智能化水平。

二、云数据资源平台的建设技术

云数据资源平台是智慧校园的重要基础设施，其功能的实现依赖于一系列先进的技术支持。为了确保平台的高效运行、灵活扩展以及数据的安全管理，云数据平台采用了多种关键技术。这些技术包括分布式计算与存储、大数据处理与分析框架、数据挖掘与机器学习算法、云计算管理与自动化运维、安全防护与容灾备份机制。以下将详细论述每种技术的原理、作用及其在云数据资源平台中的应用。

（一）分布式计算与存储技术

第一，分布式计算技术。分布式计算是云数据资源平台的基础之一，它通过将计算任务分割并分配给多个节点协同工作，从而大幅提高了计算效率

和资源利用率。在智慧校园的应用场景中，平台需要处理大量的异构数据，如学生信息、教学资源、视频课件等，这些数据的处理往往需要大量的计算能力。而通过分布式计算，平台可以有效地分担负载，提升数据处理的速度与精度。具体而言，分布式计算架构是通过协调多个服务器节点来执行大规模计算任务，利用并行处理技术将复杂任务分解为多个小任务，并行处理后再合并结果。常见的分布式计算框架如 Hadoop 和 Spark，能够高效管理并调度任务，同时确保任务的容错性和可扩展性。

第二，分布式存储技术。分布式存储技术在云数据资源平台中起到了关键的支撑作用。随着智慧校园中数据量的快速增长，传统的集中式存储模式已经无法满足当前需求。分布式存储系统通过将数据分散存储在多个节点上，提供了大规模数据的存储与管理能力，同时确保了数据的高可用性和冗余性。在分布式存储中，数据通过冗余技术被复制到多个物理位置，以防止单点故障导致的数据丢失。诸如 HDFS（Hadoop 分布式文件系统）和 Ceph 等分布式存储系统，能够提供水平扩展的能力，支持动态增加存储节点，确保系统在面对数据增长时能够灵活调整存储容量。同时，分布式存储还具备高并发数据访问的特点，能够有效支持多个用户同时访问和操作数据。

（二）大数据处理与分析框架

第一，Hadoop 框架。Hadoop 是目前大数据处理的主流框架之一，特别适用于云数据资源平台中大规模数据的存储与批处理。Hadoop 通过其核心组件 HDFS（Hadoop Distributed File System）和 MapReduce 来实现数据的分布式存储和并行计算。HDFS 负责将数据分块存储到多个节点上，以实现容错和数据冗余，而 MapReduce 则是一种编程模型，专为处理海量数据而设计，能够高效执行批处理任务。在智慧校园的云数据资源平台中，Hadoop 可以用来处理大量历史数据，用于生成统计报告或支持数据挖掘。例如，通过 Hadoop，平台可以对校园内的教学数据、学生行为数据、图书馆资源数据进行综合处理与分析，为管理决策提供数据支持。

第二，Spark 框架。相比 Hadoop，Spark 是一种更快的大数据处理框架，特别擅长实时数据处理和流处理。Spark 通过将数据存储在内存中执行计算任务，大大加快了处理速度，尤其适用于需要实时分析和处理的数据场景。在云数据资源平台中，Spark 可以用来分析实时的学生学习行为数据、课程使用情况，以及校园网络的运行状态等，从而为平台提供实时决策支持。Spark 支持多种大数据处理任务，如批处理、流处理、机器学习和图计算，这极大地丰富了云数据平台的应用场景。其核心组件包括 Spark Streaming（流处理）、MLlib（机器学习库）等，这些功能能够帮助智慧校园平台实现复杂的数据分析与预测任务。

（三）数据挖掘与机器学习算法

第一，数据挖掘技术。数据挖掘技术是从海量数据中提取有价值信息和知识的过程。云数据资源平台中，教育数据的规模庞大、来源多样，因此数据挖掘在这一场景中具有重要的应用价值。通过数据挖掘技术，平台可以深入分析学生的学习行为、教师的教学效果、课程资源的使用情况等，从而挖掘出潜在的教育模式和趋势。常见的数据挖掘算法包括分类、聚类、关联规则、决策树等，这些技术能够帮助平台自动化分析复杂的教育数据。例如，分类算法可以用来预测学生的学习成绩，聚类算法可以用于识别不同学习风格的学生群体，关联规则可以分析课程资源与学生成绩之间的相关性。

第二，机器学习算法。机器学习是数据挖掘的核心技术之一，尤其适用于智慧校园平台中对大规模数据的分析与预测。机器学习通过训练模型，能够自动从数据中学习并发现模式，为平台提供智能化的分析与决策支持。在云数据资源平台中，常用的机器学习算法包括回归分析、支持向量机、神经网络、决策树等。例如：通过应用机器学习，平台可以对学生的学习行为进行分析，预测其学习成果；也可以分析教师的教学方式和学生反馈之间的关系，从而优化教学资源的分配和调整。同时，机器学习算法还能被用于自动化的教育资源推荐，从而为学生提供个性化的学习资源和建议。

（四）云计算管理平台与自动化运维

第一，云计算管理平台。云计算管理平台是实现云资源的高效管理与调度的核心工具。通过云管理平台，管理员可以对计算资源、存储资源、网络资源进行统一管理和调度，进一步提高云数据平台的资源利用率和运行效率。智慧校园的云数据资源平台需要面对大量的用户请求、数据存储与计算需求，因此一个功能完善的云计算管理平台至关重要。管理平台可以实现资源的自动分配、扩展与回收，确保平台在面对高峰负载时能够快速响应用户需求，并在负载较低时自动释放资源，节约成本。常见的云计算管理平台如 OpenStack 和 Kubernetes，能够提供灵活的资源调度机制，支持私有云、公有

云和混合云环境的管理。

第二，自动化运维。自动化运维是确保云数据资源平台稳定运行的重要手段。通过自动化运维，平台可以实现对计算资源、网络环境、应用程序等的监控和管理。自动化运维平台可以定期检查系统的运行状态，自动修复常见的故障，并在遇到重大问题时及时通知运维人员。同时，自动化运维还可以通过脚本实现大规模任务的自动执行，如服务器的批量更新、数据备份和迁移等，极大地提高了运维效率，减少了人工干预的需求。此外，自动化运维平台还能与容器技术（如 Docker、Kubernetes）集成，帮助平台实现弹性扩展和快速部署。

（五）安全防护技术与容灾备份机制

第一，安全防护技术。在智慧校园的云数据资源平台中，数据的安全性至关重要。安全防护技术包括身份认证、访问控制、数据加密等。平台通过严格的身份认证机制，确保只有经过授权的用户才能访问敏感数据。访问控制机制则能够根据用户角色和权限，限制其对特定数据或资源的访问权限，从而防止内部敏感数据泄露。此外，数据加密技术通过对存储和传输中的数据进行加密，防止数据在传输过程中被截获或篡改。平台还应定期进行漏洞扫描和安全审计，确保系统免受网络攻击和数据泄露的威胁。

第二，容灾备份机制。容灾备份是确保云数据资源平台在遇到突发事件时仍然能够快速恢复运行的关键技术。通过容灾备份机制，平台可以对重要的数据和应用进行实时备份，确保在硬件故障、网络攻击或自然灾害等情况下能够及时恢复系统数据，减少数据丢失和业务中断。容灾备份通常包括本地备份和异地备份两种方式。在本地备份中，平台会将数据复制到不同的存储设备中，而异地备份则将数据复制到地理上相隔较远的地点，确保在大范围灾难中仍然能够通过异地备份快速恢复系统。同时，平台可以使用热备份和冷备份策略，应根据数据的重要性和恢复速度的要求，灵活选择备份方式。

（六）云数据资源平台的性能优化

云数据资源平台的性能优化直接影响用户的使用体验。通过科学的资源调度、负载均衡和缓存策略，平台可以在有限的资源下实现高效的运行，为用户提供稳定的服务。

第一，资源调度。资源调度是云平台优化性能的重要手段。智慧校园的云数据资源平台需要面对大量的并发请求，不同应用的计算需求也各不相同，合理的资源调度可以确保各个应用获得适量的计算、存储和网络资源。资源调度策略可以根据应用的优先级、当前负载情况等动态调整资源分配。常见的资源调度技术包括自动扩展和资源池化。自动扩展通过监控系统负载情况，在资源使用量接近上限时自动增加新的计算节点，在负载降低时释放多余资源，从而提高资源利用率。资源池化则是将系统的计算资源、存储资源和网络资源集中管理，并根据不同的应用需求动态分配资源，避免资源的闲置或浪费。

第二，负载均衡。负载均衡技术通过将用户请求分发到多个服务器节点上，确保每个节点的负载均衡，避免出现因某个节点过载而导致性能下降的情况。对于智慧校园的云数据平台而言，负载均衡可以提升系统的并发处理能力，确保即使在高峰时期也能提供稳定的服务。负载均衡可以在多个层面上实现，包括应用层、网络层和数据库层。例如，在应用层上，负载均衡器可以根据服务器的实时负载、响应时间等参数，将用户请求分配给最适合的服务器节点。在网络层上，负载均衡器可以优化数据流量的路由，避免网络瓶颈。

第三，缓存策略。缓存是提升云数据资源平台性能的常用手段之一。通过缓存策略，平台可以将经常访问的数据保存在内存中，减少对后端数据库的频繁访问，提升数据响应速度。例如，在智慧校园的课程管理系统中，课程资源的访问量通常较大，将这些静态资源进行缓存可以大幅提升访问速度，减轻服务器压力。缓存策略可以分为客户端缓存、服务器端缓存和 CDN 缓存等多种方式。

第三节　基于云计算的教育资源库系统构建技术

随着信息技术的迅速发展，智慧校园教育资源平台逐渐成为教育信息化的重要组成部分。基于云计算的教育资源库系统构建技术，依托分布式计算和 P2P 技术，实现了教育资源的高效管理、共享与利用。通过构建基于云计算的资源库系统，学校能够更好地适应现代教育需求，提高资源利用效率和信息化水平。下面主要探讨分布式计算技术与 P2P 技术。

一、分布式计算技术

分布式计算技术在云计算环境中扮演着至关重要的角色，它能够将大型计算任务分解为多个子任务，由多台计算机共同完成，从而大幅提升系统的计算能力与资源利用效率。该技术为教育资源库系统提供了强大的计算支持，使教育资源的存储、管理和调用变得更加高效和灵活。

（一）分布式计算技术的基本架构

分布式计算技术在基于云计算的教育资源库系统中起着至关重要的作用，其基本架构由多个核心组成部分构成，包括计算节点、网络通信模块、任务调度模块和数据存储模块。通过这些模块的协同工作，系统能够有效地实现资源的分布式存储与管理，从而提升系统的性能、可靠性以及扩展能力。每个组成部分在整个架构中都有其独特的功能与作用，保障了系统的高效运转。

第一，计算节点是分布式计算系统的基础单元，也是最核心的组成部分。每个计算节点在系统中都承担着独立的计算任务，其性能与数量直接决定了系统的整体计算能力。在教育资源库系统中，计算节点可以分布在不同的地理位置，通过网络进行连接，形成一个虚拟的计算集群。这个集群能够分担教育资源的处理、分析和管理工作，确保用户在访问大量教学资源时获得良好的体验。分布式的计算节点架构能够有效避免传统集中式系统中的单点“瓶颈”问题，从而提高系统的可扩展性。在云计算环境下，计算节点还可以根据实际需求动态分配与调整，灵活应对教育资源库规模的变化和用户访问量的波动。

第二，网络通信模块是分布式计算系统中负责数据传输的核心组件。在基于云计算的教育资源库系统中，计算节点之间的数据交换、任务分配等都需要通过网络通信模块来实现。网络通信模块不仅要确保各节点之间的数据传输迅速、可靠，还要对传输过程中的通信开销进行有效管理，以减少系统的延迟。系统的效率和响应速度在很大程度上依赖于网络通信模块的性能。优化通信协议是提升系统整体性能的关键手段，通过合理设计协议，可以减少节点之间的通信冲突和延迟，提高资源的访问速度。此外，网络通信模块还需要具备较强的容错性，确保在部分节点出现故障时，系统能够继续稳定运行，保证教育资源库的高可用性。

第三，任务调度模块是分布式计算系统的核心之一，承担着将计算任务合理分配到各个计算节点的任务。教育资源库系统中，教学资源的处理、存储和分发工作都需要任务调度模块的参与。通过任务调度模块，系统可以根据节点的计算能力、网络带宽和负载情况，动态调整任务的分配方式，确保各节点的任务负载均衡，避免出现单个节点过载的情况。负载均衡算法的优化对于系统性能的提升至关重要，其能够有效避免计算资源的浪费和资源请求的堆积，保障系统在高并发环境下的稳定性和高效性。特别是在教育资源库系统中，任务调度模块通过协调节点资源，可以大幅提高资源分发的效率，确保用户能够迅速访问所需的教学资源。

第四，数据存储模块是分布式计算系统中不可或缺的组成部分，负责实现系统数据的分布式存储。在基于云计算的教育资源库系统中，需要存储大量的教学资源、用户数据以及系统日志。分布式数据存储可以将这些资源分散存储在多个计算节点上，从而提高数据的安全性和可靠性。通过数据冗余机制，分布式存储可以有效防止单节点故障导致的数据丢失风险，提升系统的容错性。与此同时，分布式存储还能够提高资源的访问速度，尤其在资源库规模庞大的情况下，分布式存储可以通过将资源分散在多个节点上供用户同时访问，避免了集中式存储中常见的访问“瓶颈”问题。此外，数据存储模块还可以根据实际需求动态扩展存储容量，保障系统能够灵活应对数据增长的挑战。

（二）分布式计算技术的计算流程

分布式计算技术的计算流程由任务划分、任务分配、并行计算和结果合并四个关键步骤组成。这一流程在基于云计算的教育资源库系统中得到了广泛应用，有效提高了资源处理的效率，确保系统能够快速响应用户的需求。每个步骤在整个流程中都承担着特定的功能，协同运作以实现高效的任务处理。

第一，任务划分。任务划分是分布式计算流程的第一步，涉及将一个大型的计算任务分解为多个小型的子任务。在教育资源库系统中，任务划分的过程十分关键，因为教育资源种类繁多，包括视频、文本、图像等不同格式。系统需要根据这些资源的不同特性进行分类处理。任务划分不仅为了简化计算任务，还为了确保资源能够被高效地处理和分发。划分的任务越精细，系统在后续任务处理过程中就越能充分利用计算节点的性能。因此，合理的任务划分是整个分布式计算流程的基础，为接下来的任务分配与计算奠定了良好的基础。

第二，任务分配。任务划分后，系统将各个子任务分配给不同的计算节点进行处理。在教育资源库系统中，任务分配过程中需要综合考虑各计算节点的负载、计算能力和网络带宽等因素，以确保任务的合理分布。不同节点的性能不尽相同，因此任务分配不仅是将任务平均分配，还需要根据节点的实际情况进行优化，以避免因某些节点过载而影响整体计算效率。任务分配策略的优化能够显著提升系统的处理能力，保证各节点均衡负载，使整个分布式计算架构能够以最优状态运行。

第三，并行计算。并行计算是分布式计算技术中最具代表性的特点之一，也是计算流程的核心阶段。在任务分配完成后，各个计算节点开始并行处理各自分配到的子任务。通过这种并行计算的方式，系统能够同时处理大量的资源请求，并在短时间内完成对多种教育资源的处理工作。与传统的单节点处理方式相比，并行计算能够大幅缩短计算时间，提高系统的响应速度。在教育资源库系统中，并行计算意味着可以同时处理大量用户的请求，以保证用户能够快速访问到所需的教学资源。这一阶段不仅提高了系统的处理效率，还增强了系统在高并发环境下的稳定性和可靠性。

第四，结果合并。结果合并即将各个计算节点处理完成的子任务结果进行汇总并生成最终的计算结果。在分布式计算环境中，各个节点独立处理自己的任务，因此需要一个过程将分散的计算结果整合起来。在教育资源库系统中，结果合并阶段确保了各类教育资源的处理结果能够统一展示给用户，使得用户在访问教育资源时能够获得完整、准确的信息。结果合并不仅是简单的数据整合，它还需要考虑数据的一致性和完整性，以确保最终呈现的资源没有缺失或错误。通过合理的结果合并策略，系统能够高效地整合各节点的计算结果，确保资源的访问和使用体验不受影响。

二、P2P 技术

“P2P 是英文单词 peer-to-peer 的缩写形式，我们可以称为对点技术或者对等网。”①P2P 技术的主要特点是去中心化的网络结构，各节点既是客户端也是服务器。P2P 技术在教育资源库系统中具有重要应用，能够实现资源的高效共享和分发。

① 金玉苹，张索勋．云数据背景下的高校智慧校园建设 [M]．北京：冶金工业出版社，2019：189.

（一）P2P 技术的特点

P2P 技术的特点在很大程度上决定了其在云计算环境中的广泛应用，其核心特性不仅赋予系统更高的灵活性和稳定性，还为用户提供了更高效的资源管理和数据保护手段。P2P 技术的特点如下：

第一，可扩展性。随着网络中节点数量的增加，P2P 网络能够实现无缝扩展，系统性能也能够相应提升。在这种网络结构中，每个节点不仅能够作为资源的请求者，也能够作为资源的提供者。因此，随着节点的增加，系统的整体能力也逐渐提升，这种水平扩展能力确保了系统能够适应不断增长的用户需求。对于基于云计算的教育资源库系统而言，P2P 技术的可扩展性使其能够轻松应对资源库的扩容需求，无须过度依赖集中式的管理和资源分配，显著提高了系统的扩展效率。

第二，健壮性。在 P2P 网络中，即使部分节点因故障或其他原因失效，整个系统仍然能够继续正常运行。这种去中心化的架构使得系统具有较强的抗风险能力，即使在部分节点出现故障的情况下，也不会影响系统整体的功能。这种特性在教育资源库系统中尤为重要，确保系统在面对不可预见的技术故障时，依然能够保持资源的可访问性和系统的高可用性，极大地提升了用户体验。

第三，非中心化。在这种网络结构中，没有单一的中心节点，每个节点在网络中都具有平等的地位。这种去中心化的特性不仅提升了网络的灵活性，还有效避免了因中心服务器的故障或超负荷运转而导致的系统崩溃问题。非中心化的结构能够分散系统的负载压力，减少单点故障的风险，在云计算环境下，这种机制极大地提升了系统的稳定性和资源分发效率，减少了对集中式服务器的依赖。

第四，高性能与性价比。通过节点间的资源共享和计算能力协同，P2P 网络能够在较低的维护成本下提供高效的服务。这种分布式的架构不仅能够减少服务器的运营和维护成本，还能够有效利用网络中的闲置资源，提高系统整体的资源利用率。对于教育资源库系统而言，P2P 技术能够显著降低资源管理和数据传输的成本，提高了资源调用的效率，从而提高了系统的性价比，使其能够以更少的投入实现更优的服务质量。

第五，负载均衡。通过将资源请求分布到多个节点，P2P 网络能够实现有效的负载均衡，避免单个节点出现资源过载的情况。每个节点都可以根据

自己的计算能力和网络状况进行资源的分配和处理，从而确保系统在高负载状态下仍然能够保持较高的响应速度和处理能力。在教育资源库系统中，负载均衡机制能够有效分散资源请求，确保系统能够在高并发访问的情况下，仍然可以为用户提供快速稳定的资源访问体验。

第六，隐私保护。通过分布式的网络结构和点对点的传输模式，P2P 技术能够有效保护用户的隐私。在传统的中心化系统中，所有数据通常通过一个或多个中心服务器进行传输和存储，这使得系统容易成为网络攻击的目标。然而，P2P 网络通过去中心化的节点通信机制，使得数据传输路径更加复杂，难以被恶意攻击者定位和拦截。对于教育资源库系统而言，隐私保护尤为关键，P2P 技术的这一特性能够为用户的数据安全提供更高的保障，确保教育资源的传输在安全的环境中进行。

（二）P2P 系统的应用

P2P 技术的系统应用广泛，涵盖多个领域，其独特的分布式架构在各类系统中展现出强大的适应性和功能性。通过这种点对点的架构，P2P 系统为资源传输、数据处理和搜索功能带来了显著的性能提升。下面主要从流媒体系统、搜索引擎以及网络计算三个方面探讨 P2P 技术在教育资源库系统中的具体应用。

第一，P2P 技术在流媒体系统中的应用。在传统的流媒体系统中，视频和音频内容往往需要通过集中式服务器进行传输，这种模式在面对大量用户请求时，容易导致服务器超负荷运转，影响流媒体的传输质量。而 P2P 技术则通过分布式节点之间的资源共享，有效解决了这一问题。在流媒体传输过程中，每个用户不仅是视频内容的消费者，也可以充当内容的分发节点，从而缓解了中心服务器的压力，提升了流媒体传输的效率和稳定性。在基于云计算的教育资源库系统中，P2P 流媒体技术能够为在线课程和视频教学资源提供可靠的传输支持，确保大量用户在高并发访问的情况下，依然能够获得流畅的观看体验。这不仅提高了资源库的使用效率，也提升了整体的用户体验。

第二，P2P 技术在搜索引擎中的应用。传统搜索引擎依赖于集中式的服务器和数据库，数据存储和索引的负担往往集中在特定的服务器上，容易产生瓶颈。而 P2P 技术通过分布式的数据存储与索引，能够将数据处理任务分散到各个节点上，从而提高了搜索引擎的响应速度和准确性。在教育资源库系统中，P2P 搜索引擎能够通过分布式的方式快速检索出所需的教育资源，确保用户能够在最短的时间内找到所需的资料和内容。这种分布式索引机制不仅提高了搜索效率，还降低了系统对单一服务器的依赖，提升了搜索结果的精准度和用户体验。

第三，P2P 技术在网络计算中的应用。通过多个节点的协同计算，P2P 网络能够有效分担计算任务，提升系统的整体处理能力。在传统的集中式计算系统中，计算任务通常由单一或少数几台服务器处理，这种方式在处理复杂的计算任务时，效率较为低下。而 P2P 技术则通过将计算任务分配给多个节点进行协同处理，显著提升了系统的计算能力。在教育资源库系统中，P2P 网络计算技术可以为复杂的教育资源处理任务提供强大的计算支持。无论是教育资源的格式转换、视频内容的压缩与解压，还是复杂的多媒体资源处理，P2P 技术都能够通过多个节点的协同合作，快速完成这些计算任务。这为资源库的高效管理和数据处理提供了有力的技术保障。

（三）P2P 网络结构形式

P2P 网络有多种不同的结构形式，其灵活的架构使其在各类应用场景中都具有广泛的适用性。根据网络节点的分布和资源管理方式，常见的 P2P 网络结构形式主要包括集中化 P2P 网络、完全分布式非结构化 P2P 网络、完全分布式结构化 P2P 网络以及异构式 P2P 网络。每种网络结构形式都有其独特的特点和适用场景，因此在教育资源库系统的构建中，选择适合的 P2P 网络结构至关重要。

第一，集中化 P2P 网络。集中化 P2P 网络是最为基础的一种 P2P 网络形式。在这种网络中，虽然存在众多平等的节点，但一个中心服务器扮演着关键角色，负责资源的索引与管理。通过中心服务器，用户可以快速查找到需要的资源，这大大提高了资源的检索效率。然而，这种结构的弊端在于，中心服务器的存在削弱了 P2P 网络去中心化的优势，同时可能成为系统的单点故障。一旦中心服务器出现问题，整个网络的资源管理和检索将受到影响。尽管如此，对于中小规模的教育资源库系统而言，集中化 P2P 网络仍然是一个较为实用的选择。中心服务器在管理和索引资源方面具有较高的效率，能够满足中等规模系统对资源快速定位的需求，同时简化了系统的复杂性。

第二，完全分布式非结构化 P2P 网络。完全分布式非结构化 P2P 网络是去中心化程度较高的一种网络结构形式。在这种网络中，所有节点之间是完

全平等的，不存在任何中心服务器，资源的索引与查找完全依赖于节点之间的随机连接。这种去中心化的结构使得网络更加稳定，且单一节点的故障不会对系统整体产生较大影响。然而，完全分布式非结构化 P2P 网络的资源查找效率较低，特别是在资源库规模较大的情况下，查找过程往往需要经过多个节点的随机搜索，导致延迟增加。因此，这种网络形式更适用于大规模的教育资源库系统，在资源规模扩展时不会面临性能瓶颈。但同时，如何优化查找算法以提高检索效率仍然是该网络结构面临的挑战。

第三，完全分布式结构化 P2P 网络。完全分布式结构化 P2P 网络是另一种广泛应用的网络形式，它通过技术手段如分布式哈希表（DHT）等，构建了高效的资源索引与查找机制。在这种结构下，虽然网络仍然去中心化，但资源的查找过程不再是随机的，而是通过一种系统化的方式进行。DHT 技术能够将资源分配到不同的节点，并通过唯一的键值来快速定位资源，这大大提高了查找效率。完全分布式结构化 P2P 网络不仅保留了去中心化的优势，还克服了非结构化网络在资源查找时效率低下的问题。在教育资源库系统中，这种网络形式尤为适用于大规模资源的管理与检索，它能够为用户提供快速、可靠的资源定位服务，保障系统在规模扩展时的高效性。

第四，异构式 P2P 网络。异构式 P2P 网络是由多种不同结构的 P2P 网络组成的混合型网络。在异构式 P2P 网络中，不同的网络结构形式可以相互协作，共同完成资源的传输与管理任务。通常，异构式网络结合了集中化与分布式网络的优势，能够在不同的应用场景下灵活切换。例如：在某些节点密集、资源访问频繁的场景中，可以采用集中化的管理方式，提高资源的索引速度；而在资源较为分散、节点故障可能性较高的情况下，分布式结构则可以确保系统的稳定运行。对于教育资源库系统，异构式 P2P 网络提供了更大的灵活性，能够根据实际需求动态调整网络结构，提升系统的适应性与健壮性。

第四节　基于 RSS 的信息聚合技术

随着智慧校园的不断发展，教育资源平台正逐步成为信息化教育的重要载体。为更好地为用户提供实时、全面的教育资源，基于 RSS（Really Simple Syndication）技术的信息聚合方案得到了广泛的应用。RSS 作为一种信息分发和聚合技术，通过提供标准化的格式实现了信息源的自动更新与推送，使用户能够快速获取最新的教育资源。

一、RSS 技术与信息聚合技术认知

RSS 是基于 XML 格式的一种信息分发和聚合协议，用于从不同的信息源获取最新的内容。RSS 的出现源于互联网信息爆炸的背景，旨在为用户提供一种简化信息获取过程的手段。通过订阅 RSS Feed，用户可以自动收到来自各类网站或信息平台的更新信息，而不需要主动访问各个网站。RSS 的历史可以追溯至 20 世纪 90 年代末，最初由 Netscape 推出并命名为 RDF Site Summary，之后逐步演变为今天广泛使用的 RSS 标准。RSS 的版本演变主要经历了 0.91、1.0、2.0 等阶段。RSS 0.91 是由 Netscape 开发的第一个版本，主要采用简单的结构来实现信息摘要传输。随后，RSS 1.0 引入了 RDF（Resource Description Framework）标准，使 RSS 更具扩展性和结构化，而 RSS 2.0 则在保持简洁性的同时，增强了灵活性，已成为当前使用最广泛的版本。每个版本的 RSS 标准都有其独特的技术特性和应用场景。RSS 0.91 由于其简洁的结构，适用于较小规模的信息传输。RSS 1.0 则通过 RDF 标准提供了更复杂的语义描述功能，适用于更复杂的应用场景。而 RSS 2.0 在简洁性和灵活性之间取得了平衡，成为大多数信息平台的首选。

RSS Feed 是一个基于 XML 格式的信息流，包含网站的最新更新内容。RSS Feed 的基本结构由两个主要部分组成：频道（Channel）和项目（Item）。频道是 RSS Feed 的核心，代表一个信息源的整体概览，而项目则是频道中的具体内容项，通常代表一篇文章或一个资源更新。在 XML 格式中，RSS Feed 的数据描述方式遵循严格的层次结构。RSS Feed 以一个根元素 <rss> 开始，内部包含一个 <channel> 元素，<channel> 中又嵌套多个 <item> 元素。每个 <item> 元素代表一条更新内容，包含标题（<title>）、链接（<link>）、描述（<description>）等基本信息。RSS Feed 中常见的典型元素与属性包括：① <title>：表示频道或项目的标题。② <link>：指向内容的 URL 链接。③ <description>：对频道或项目内容的简短描述。④ <pubDate>：内容的发布时间。这些元素共同构成了 RSS Feed 的基本信息结构，通过标准化的格式，为信息聚合提供了便利。

信息聚合技术是指通过技术手段将来自不同来源的信息进行收集、整合和展示的过程。在信息化时代，信息来源极为分散，而信息聚合技术能够有

效整合各类信息资源，提供统一的访问界面，从而提高用户的效率。信息聚合不仅是一种信息收集的手段，更是一种高效的信息管理与服务模式。通过信息聚合，系统能够自动从各类信息源抓取更新数据，并将其以一种用户友好的方式呈现给最终用户。这种方式尤其适用于智慧校园的教育资源平台，能够帮助教师和学生快速获取最新的教育资源，从而提高信息的利用效率。

RSS 作为信息聚合的核心技术，起到了连接信息源与用户之间桥梁的作用。通过 RSS，信息源可以以标准化的方式发布内容更新，而用户则可以通过 RSS 订阅功能自动接收到这些更新信息，形成信息的流动性和高效传播。基于 RSS 的信息聚合机制可以划分为四个主要过程：抓取、解析、整合和推送。在抓取阶段，系统通过订阅 RSS Feed，从多个信息源获取最新的内容。在解析阶段，系统对抓取的 RSS 数据进行解析，提取有用的内容。在整合阶段，系统对不同来源的信息进行去重、分类、排序等操作，确保信息的统一性和准确性。最后在推送阶段，系统根据用户的订阅设置，将整合后的信息推送给用户。通过这一机制，信息聚合系统能够有效解决信息来源分散、更新不及时的问题，确保用户能够快速、准确地获取所需的资源。

二、基于 RSS 的信息聚合系统设计

（一）系统架构设计

基于 RSS 的信息聚合系统通常采用客户端—服务器架构，即客户端通过请求服务器订阅的 RSS Feed，从而获取最新的更新内容。在这个架构中，服务器负责从各个信息源抓取数据并进行处理，客户端则负责向用户展示处理后的信息。数据流和控制流是系统设计的核心。在数据流中，信息从信息源流向服务器，经过处理后再流向客户端。而在控制流中，用户通过客户端向服务器发送操作请求，如订阅、取消订阅、搜索等，服务器会根据请求执行相应的操作并返回结果。这种分工明确的架构能够确保系统在高并发场景下的稳定性和效率。

（二）核心功能模块设计

一个完整的基于 RSS 的信息聚合系统需要具备多个核心功能模块，包括 RSS Feed 抓取模块、信息解析与整合模块、用户界面与交互模块以及个性化推送模块。① RSS Feed 抓取模块是系统的基础，负责从多个信息源定时抓取

RSS Feed。通过定时任务调度，系统可以确保用户始终能够获取最新的内容。②信息解析与整合模块负责解析抓取到的 RSS Feed 内容，提取其中的有用信息并进行处理。该模块的功能包括去重、分类、排序等操作，确保系统展示的信息是准确且没有重复的。③用户界面与交互模块提供了一个友好的操作界面，支持用户订阅、浏览、搜索等操作。用户可以根据个人需求订阅特定的信息源，系统将根据用户的订阅偏好提供相应的个性化内容展示。④个性化推送模块则通过分析用户的偏好与行为，智能化地推送相关信息。该模块的核心是个性化算法，通过学习用户的兴趣与操作习惯，动态调整推送内容，提高用户体验。

综上所述，基于 RSS 的信息聚合技术在智慧校园教育资源平台中扮演了至关重要的角色。通过对 RSS 技术基础、信息聚合机制及系统设计的探讨，可以看出，RSS 为信息的高效分发与整合提供了一个简便而有效的解决方案。在未来，随着信息技术的不断进步，RSS 技术有望在教育资源平台中发挥更加广泛的作用，也将为用户提供更为便捷和智能化的服务。

第五节　云资源平台功能设计

智慧校园教育资源平台作为现代教育技术发展的重要组成部分，在实现资源共享、优化教学管理、提升教育质量等方面发挥着重要作用，其中，云资源平台通过整合多种类型的教育资源，提供分类、上传、管理、检索、预览等功能，为用户提供高效、便捷的资源利用方式。具体而言，云资源平台功能设计主要包括以下方面：

一、在线习题的功能设计

（一）习题库维护的功能设计

在云资源平台中，习题库的功能设计是在线教育资源平台的重要组成部分，主要用于提供教学过程中各类习题的存储、管理与应用。一个完善的习题库不仅包含传统的题型、题干和答案，还应根据智慧校园的实际需求，增强对习题的分类、知识点关联、难易度分级以及答题解析等要素的支持。这样不仅有助于提高学生的答题复习效率，也有利于教师在备课和考试出题时

快速找到所需的习题资源。习题库的维护功能对于平台管理员和教师用户都至关重要。管理员可以从全局角度维护整个习题库的完整性和高效性，而教师用户则可以根据自身教学需要，进行个性化的习题添加与修改。具体而言，习题库的维护功能包括以下方面：①添加习题。管理员和教师用户可以直接在线添加习题内容，包括题型、题干、答案以及相关的知识点和解析等。这一功能使习题库能够持续丰富和扩展，并满足不同学科、年级和知识层次的教学需求。②修改习题。对于习题库中的现有习题，管理员可以进行全局性的修改，而教师用户则仅能修改自己上传的习题。修改功能确保习题能够根据最新的教学要求或错误纠正进行及时更新。③删除习题。为了保持习题库的高效运作和准确性，管理员有权删除过时或不再适用的习题，而教师用户可以删除自己添加的习题。这项功能确保习题库能够不断优化，避免不必要的冗余内容占用存储资源。

（二）习题检索的功能设计

习题检索功能是智慧校园教育资源平台的核心功能之一，为提升用户体验，习题检索功能的设计应注重快速、精准定位目标习题，帮助教师和学生在庞大的习题库中迅速找到所需内容。习题检索的过程应基于习题上传时的各项属性，提供多维度的可选项，以满足不同的教学需求。习题检索的选项应包括以下方面：①目录分类。通过明确的目录分类，用户可以快速精确地定位到科目、课程章节等教学单元，确保学生在具体的教学单元内快速找到适用的习题。这一功能尤其适合课程设计严密且层次分明的学科，如数学和物理等。②习题难度。根据不同的学习阶段和教学目标，习题的难度通常分为容易、一般、比较难和很难几种等级。教师可以根据学生的学习进度或教学需求，选择合适难度的习题进行教学设计或考试编排。③习题题型。常见的题型包括判断题、单选题、多选题、填空题和问答题等。不同题型对应不同的教学评估需求，因此习题检索功能应提供按题型筛选的选项，便于教师在多样化的教学场景中快速找到合适的习题。④知识点内容。支持知识点相关内容的模糊查找，这能够帮助教师和学生根据具体的教学目标检索习题，确保教学的针对性和有效性。这种功能特别适用于需要精准覆盖某个知识点或概念的场景。⑤检索结果列表。系统应将所有符合条件的习题汇总成检索结果列表，并显示每道习题的关键信息，如题型、题干、难度和答案等。这种方式便于用户快速浏览和选择合适的习题，从而提高整体使用效率。

（三）智能组卷的功能设计

智能组卷功能是云资源平台在线习题设计中的亮点功能之一。教师用户可以利用该功能从习题库中快速检索、筛选习题，并将其组合成作业或试卷。智能组卷的过程应尽可能地简化和高效，便于教师灵活地设计各类学习评估活动，同时确保学生能够获得丰富、多样化的学习体验。智能组卷功能的设计旨在为教师提供灵活的教学评估工具，帮助他们轻松设计多种形式的作业或考试，进而提高教学的整体质量和效率。智能组卷的具体操作过程包括：①临时出题箱。教师用户在习题检索过程中，可以将目标习题加入临时出题箱中进行后续操作。出题箱的设计应确保整个操作过程的连贯性和流畅性，避免中断或重复操作，以提高出题效率。教师可以随时查看出题箱中的习题，并对其进行增删或修改。②出题箱管理。所有被加入出题箱的习题都会统一显示，教师可以在此处对习题进行详细的编排操作。出题箱展示的习题详细信息包括题型、题干、答案和难度等。教师可以根据具体的教学需求，对习题进行排序、修改分值或去除不需要的题目，最终系统将自动计算总分。

（四）在线测试的功能设计

在线测试功能不仅为教师提供了设计作业和考试的工具，还为学生提供了便捷的在线作答平台。教师通过在线组卷后，可以直接将作业或试卷发给学生，学生则可以通过平台在线作答并提交，之后教师可在线批阅并反馈成绩。在线习题的功能设计贯穿于智慧校园教育资源平台的整体结构中，旨在通过数字化和智能化的手段，提升教学过程中的评估效率和学习体验。在线测试的功能设计包括以下方面：①测试状态流转。在测试过程中，系统会根据作业或试卷的不同阶段状态，将其自动流转至相应的教师或学生。这样不仅减少了人为干预的必要性，也确保了测试流程的顺畅与高效。②提交作答。学生必须在完成所有习题后方可提交作答。系统应提供清晰的进度提示，确保学生清楚了解答题进度，避免遗漏或失误。③自动批阅与主观题评分。在教师批阅作业或试卷时，系统可以自动对客观题部分进行评分，而主观题则由教师根据答题解析进行手动评分。通过这种方式，教师可以节省大量的批改时间，同时保证对主观题目的评估更加公正和精确。④学生反馈查看。当教师批阅完成后，学生可以在线查看自己的总分、各道习题的得分以及教师的批阅意见。通过这种透明的反馈机制，学生能够更好地了解自己的学习状况，并有针对性地进行复习和提升。

二、辅导答疑的功能设计

在云资源平台中，辅导答疑功能是在线教育的重要组成部分，该功能通过构建师生互动的平台，帮助学生在课后能够及时获得教师的指导和解答，进一步增强课堂教学的效果。辅导答疑不仅有助于学生理解课程内容，还能够提高教师对学生学习进度的掌握。为了实现这一目标，辅导答疑功能设计应注重操作的简便性、高效性以及交互的流畅性。

（一）学生选择教师并提交问题

辅导答疑系统允许学生用户在线选择他们所学课程的任课教师进行提问，该功能的设计旨在确保学生的问题能够被最了解其学习背景的教师迅速解答。学生可以通过简单的操作界面，选择所对应的课程和教师，输入问题并提交到系统中。在这个过程中，平台应支持多维度的教师筛选功能，如根据课程名称、学科、教师姓名等多重条件进行检索。这不仅提高了操作的便捷性，也避免了学生因误选教师而延误答疑的情况。此外，系统应鼓励学生在提出问题时，明确描述问题的具体内容，以提高教师的解答效率。为了进一步增强学生与教师之间的互动，平台可以考虑支持学生上传相关的文件或图片，以帮助教师更全面地理解问题。学生选择教师并提交问题的设计要点包括：①多样化的教师选择。平台应支持学生根据学科、课程以及教师姓名等不同的维度筛选任课教师，以确保问题能够迅速提交至相关的教师处。②问题描述提示。为了提高问题描述的准确性，系统可以在提问界面设置提示，引导学生明确阐述问题内容，减少模糊提问。③文件上传支持。针对某些复杂问题，学生可以上传图片、文档或其他辅助材料，帮助教师更加全面地理解问题背景，从而提高解答的精确性。通过以上设计，学生能够更加方便、快捷地向其任课教师提问，并获得个性化的辅导与答疑，确保课后学习问题能及时得到解答。

（二）教师答疑管理与操作便捷性

对于教师用户而言，辅导答疑系统应具备简洁且高效的操作流程，以最大限度地减轻教师的工作负担，并提高其答疑效率。在答疑模块中，教师可以查看尚未解答的学生提问，系统将这些问题进行分类整理，按照时间顺序或优先级进行排列，便于教师一目了然地掌握需要解答的内容。教师用户应能够在答疑过程中自由删除不适当的提问内容，这不仅能保证答疑平台的健康运行，也有助于教师集中精力回答高质量的问题。同时，教师答疑的操作应当尽可能简便快捷，系统应避免烦琐的页面刷新或过长的等待时间，从而确保教师能够在有限的时间内高效地解答更多问题。教师答疑管理与操作便捷性的设计要点包括：①未解答问题的分类显示。教师界面应能够清晰显示尚未解答的问题，并提供时间顺序、课程类型等多种排序方式，方便教师快速找到需要解答的问题。②不适当内容删除功能。教师应具备权限删除不适当或无关的问题，以维护答疑平台的秩序，提高答疑质量。③操作简便性。平台在答疑模块中应减少页面刷新或复杂操作，确保教师在快速浏览、回复学生问题时不受技术问题影响，从而提升整体使用体验。通过优化教师端的操作流程，辅导答疑系统能够减轻教师的答疑负担，同时确保答疑的高效性和及时性。

（三）学生问题解答的分类管理

为了便于教师和学生的高效交流，辅导答疑系统应对问题解答进行分类管理。系统将学生提交的问题分为“未解答”和“已解答”两种状态，分别显示给教师和学生。未解答问题将持续显示在教师的答疑模块中，直至教师进行解答并提交回复；而已解答的问题则会自动转入已解答模块，方便学生查看教师对该问题的答复。这种分类设计有助于教师有条不紊地处理学生的提问，确保没有问题被遗漏。同时，学生也能够通过已解答模块，随时查看教师的回复，从而避免频繁重复提问。为了提高管理效率，系统可以在学生提交问题后，自动生成答疑任务，并在教师完成解答后，实时更新问题状态。这种自动化的流程管理不仅提升了系统的智能化水平，也减少了教师和学生在操作上的时间消耗。学生问题解答的分类管理设计要点包括：①未解答与已解答分类。系统应将问题分为“未解答”和“已解答”两种状态，分别供教师和学生查看，确保答疑过程有条不紊。②状态自动更新。当教师完成问题解答并提交后，系统应实时将问题状态更新为“已解答”，并提醒学生查看解答结果，避免信息滞后。③问题归档与历史记录。平台可以为学生和教师提供问题的历史记录功能，以便回顾和查询先前的答疑内容，便于学生长期学习和巩固知识。这种分类管理方式有效提高了师生互动的效率，使得整个辅导答疑过程更加清晰、有序，并避免了重复提问或答疑遗漏的情况。

（四）提升交互体验与平台智能化

辅导答疑功能不仅需要满足基本的提问解答需求，还应通过技术优化来提升平台的智能化水平。为此，平台可以引入智能推荐系统，并根据学生的历史提问记录或学习进度，向教师提供解答建议或常见问题的快速回复选项。这样，教师在面对重复性较高的问题时，就可以快速给出解答，进一步提高工作效率。此外，平台还可以通过数据分析技术，对学生提问的类型、频率和难度进行智能分析，并为教师提供个性化的答疑建议。例如，平台可以识别某个班级或年级的共性问题，并自动生成相关的辅导材料或视频链接，帮助教师更好地组织答疑过程。这不仅提高了答疑的精准度，也有助于学生在更短时间内获得高效的学习反馈。提升交互体验与平台智能化的设计要点包括：①智能推荐功能。基于历史提问和学习记录，系统可以为教师提供智能解答建议或快速回复模板，帮助教师高效解答重复性问题。②数据分析与个性化建议。平台应能够通过数据分析，识别学生的共性问题，生成个性化辅导建议，提升教师对答疑内容的掌控力。③学习反馈与改进建议。通过对学生提问类型和学习进度的分析，系统可以为教师和学生提供学习方法改进建议，进一步优化答疑效果。通过智能化的功能设计，辅导答疑系统不仅能够大幅提高教师的工作效率，还能够为学生提供更加个性化的学习辅导体验。

三、综合评价的功能设计

在云资源平台的建设中，综合评价功能是实现教学数据化、精细化管理的重要环节，其核心目标是通过对学生作业和考试数据的系统分析，为学生、教师和管理者提供多维度的评价依据，支持个性化教学和改进教学方法。综合评价功能不仅能客观、准确地反映学生的学习水平，还能帮助教师深入了解学生的学习进度和知识掌握情况，进而优化教学设计，促进学生的全面发展。

（一）学生分析与评价

综合评价功能的首要目标之一是针对学生的学习表现进行系统的分析与评价，尤其是基于学生在线考试和电子作业的作答情况。这一部分的功能设计主要关注如何通过数据挖掘和统计技术，对学生的答题行为、知识掌握度以及错误习题分布进行深度剖析。通过对学生作答数据的客观评价和多维度统计分析，系统能够为教师提供精确的教学反馈，帮助教师及时调整教学策略。评价的基本粒度是具体的练习题，每一道习题都代表着一个具体的知识点或技能的考核。因此，平台应从课程、习题难度、习题类型、学生得分等多个维度对学生的作答情况进行全面精准的分析。这种分析能够帮助教师了解哪些知识点学生普遍掌握得较好、哪些知识点需要进一步加强。同时，学生也能够通过这一分析结果，及时发现自身的薄弱环节，从而有针对性地进行复习和提高。

（二）教师分析与评价

在综合评价功能中，教师分析是一个至关重要的环节，教师用户需要借助平台对每次作业或考试的学生作答情况进行细致的分析。为此，平台应提供细化到每一道习题的分析结果，帮助教师了解每道题目所有学生的作答情况，以及每个学生的得分情况。教师可以通过系统查看每道题所有学生的作答情况，并进行横向对比。这一功能不仅可以展示学生在每道题上的作答时间、答题结果，还可以分析答题的整体正确率。通过这些数据，教师可以快速了解哪些题目是学生的普遍难点、哪些题目学生答对的比例较高。此外，平台还应支持教师对每个学生的作答情况进行个性化跟踪与分析，帮助教师了解每个学生的学习弱点。例如，如果某个学生在大多数题目上表现优秀，但在某种题型上表现不佳，教师可以据此为该生提供专门的辅导建议，帮助其改进学习方法，提高学习成绩。针对每道题的得分情况，平台应提供详细的统计分析报告，帮助教师了解学生在不同得分段的分布情况。系统可以自动计算出每道题的平均得分，并按照不同的得分层次，展示各层次学生的比例情况。这样，教师不仅能够快速掌握学生整体的得分分布，还能够识别出高分段和低分段学生的比例变化，从而为个性化教学提供数据支持。

第八章　智慧校园建设与发展创新

第一节　智慧校园生活与网络学习新思路

一、开放性智慧校园生活服务平台的构建

“在高校智慧校园建设的过程中，发展开放性的校园生活服务平台是对传统智慧校园的有力补充和扩展。”[①] 开放性平台通过提供标准的认证接口和数据接口，允许第三方应用程序的无缝对接，实现信息系统的集成与共享，提升校园生活服务的智能化水平，其构建主要包括以下方面：

（一）身份认证平台

身份认证平台是开放性智慧校园生活服务平台的核心组成部分之一，其主要功能是为用户提供安全、可靠的身份验证服务，该平台通过实现身份认证标准和协议，确保校园内所有用户的身份信息得到有效管理与保护，其具体构建内容包括：①身份认证机制。采用多种身份验证方式，如用户名/密码、双因素认证、生物特征识别等，确保用户身份的准确性与安全性。同时，支持单点登录（SSO）功能，使用户能够在多个系统之间无缝切换，无须重复登录。②认证接口设计。平台会提供标准化的认证接口，允许第三方应用系统通过简单配置实现与认证平台的对接。这一设计不仅提升了系统集成的灵活性，还增强了平台的扩展性。③用户数据管理。身份认证平台负责管理用户的基本信息、权限设置和角色分配。通过集中管理和动态更新，平台能够有效防止身份信息泄露及权限滥用。④安全保障措施。平台应具备完善的安全机制，如数据加密、访问控制、异常监测等，确保用户信息的安全性和隐私保护。同时，还要定期进行安全审计与风险评估，以应对潜在的安全威胁。

---

① 王翀，滕腾．开放性智慧校园生活服务平台的设计与实现［J］．软件，2020，41（9）：43.

（二）服务中心平台

服务中心平台是实现开放性智慧校园生活服务平台功能集成与服务调度的关键组件，该平台主要负责处理各种服务请求，协调不同系统和应用之间的交互，其构建内容包括：①服务接口标准化。定义服务总线的接口标准和协议，确保不同服务模块能够通过统一的接口进行交互。服务中心平台应支持多种通信协议，如 HTTP、SOAP、REST 等，以适应不同应用的需求。②服务注册与发现。平台提供服务注册和发现功能，使得各个服务模块能够在服务中心平台上注册自己的服务，并被其他模块发现和调用。这一机制支持动态扩展和升级服务，提高了系统的灵活性和可维护性。③服务编排与调度。实现服务的编排和调度，并按照预设的业务流程和规则对服务请求进行处理。通过引入服务编排引擎，平台能够自动化地执行复杂的业务逻辑，提高了业务流程的效率和一致性。④性能监控与优化。对服务中心平台的性能进行实时监控，及时发现和解决性能“瓶颈”。通过性能优化措施，如负载均衡、缓存机制等，提升平台的处理能力和响应速度。

（三）消息发布平台

消息发布平台负责处理和管理校园内外的信息传递与通知，确保信息的及时传达和有效接收，该平台的主要构建内容包括：①消息发布与订阅机制。支持消息的发布和订阅功能，用户可以根据自己的需求选择接收相关信息。平台应支持多种消息类型，如文本、图片、视频等，满足不同信息传播的需求。②消息过滤与分类。对发布的消息进行过滤和分类，确保用户能够接收到与其相关的消息。平台应提供智能推荐功能，根据用户的兴趣和行为习惯推荐相关的信息内容。③消息存档与检索。对历史消息进行存档和管理，使用户可以方便地检索和查询历史信息。平台应提供强大的检索功能，如全文搜索、关键字搜索等，以提升信息获取的便捷性。④实时推送与通知。实现消息的实时推送和通知功能，确保信息能够及时传达给目标用户。平台应支持推送策略的配置，如定时推送、按需推送等，以适应不同的信息传播需求。

（四）综合信息展示平台

综合信息展示平台负责将校园内外的信息进行整合和展示，为用户提供全面、准确的信息服务。该平台的主要构建内容包括：①信息展示界面设计。

设计用户友好的信息展示界面，确保信息能够以清晰、直观的方式呈现给用户。平台应支持多种展示形式，如图表、仪表盘、列表等，以满足不同的信息展示需求。②数据整合与分析。对来自不同来源的数据进行整合和分析，提供数据驱动的决策支持。平台应具备数据处理和分析功能，如数据可视化、统计分析等，帮助用户了解和掌握关键信息。③互动功能。支持用户与信息展示平台的互动功能，如评论、反馈、查询等，增强用户的参与感和互动性。平台还应提供易用的交互界面和功能模块，提升用户体验。④信息更新与维护。定期更新和维护信息展示平台中的内容，确保信息的时效性和准确性。平台应具备信息更新的机制和流程，如自动更新、手动更新等，以适应信息的变化和需求。

二、智慧校园网络学习平台建设的新思路

随着信息技术的快速发展，智慧校园网络学习平台在现代教育中的地位愈加重要。通过集成多种功能，智慧校园网络学习平台不仅推动了教学模式的变革，也促进了教育资源的共享与利用，其构建的核心目标在于通过技术手段完善学习体验，提升教学质量，并实现对教学过程的高效管理。

（一）智慧校园网络学习平台的重要功能

智慧校园网络学习平台作为教学与学习的核心枢纽，承担了多重任务，其功能不仅涉及课程资源的建设与展示，还涵盖了网络教学与教学管理的各个环节。

1. 课程资源的建设及展示

随着数字教育的发展，智慧校园网络学习平台需要为教师和学生提供丰富、优质的课程资源，并确保这些资源能够高效地进行组织和展示。平台在课程资源的建设及展示方面，应具备以下功能：

（1）资源数字化与多样化。智慧校园网络学习平台应支持多种资源形式，包括文本、视频、音频、图像等多媒体内容。这种多样化的资源形式能够满足不同学科的教学需求，并提升学生的学习兴趣和参与度。此外，平台还应支持资源的实时更新，以确保内容的时效性与相关性。

（2）课程资源的结构化组织。为了提升资源的可访问性与易用性，智慧校园网络学习平台应提供结构化的资源组织方式。通过将课程内容按章节、

主题、知识点等逻辑结构进行分类，平台可以帮助学生更加高效地获取学习资源。同时，平台还应支持个性化的资源推荐，即根据学生的学习行为和需求，智能推荐相关的课程资源。

（3）资源共享与协作。智慧校园网络学习平台应鼓励资源的共享与协作，为教师和学生提供资源上传和共享的功能。通过教师间的资源共享，不仅可以提高教学资源的利用率，还能够促进教师之间的交流与合作。此外，平台还应支持学生的协作学习，如在线讨论、共同创作等，以提升学生的自主学习能力和协作能力。

（4）资源展示的交互性与沉浸感。智慧校园网络学习平台应注重提升资源展示的交互性和沉浸感。通过引入虚拟现实（VR）、增强现实（AR）等技术，平台可以为学生提供更加逼真、直观的学习体验。例如，理科实验课程可以通过虚拟实验室的形式展示复杂的实验过程，让学生在互动中加深理解。

2. 网络教学功能

智慧校园网络教学不仅扩展了传统课堂的边界，还为教师和学生提供了更加灵活的教学与学习方式，网络教学功能的实现包括以下方面：

（1）在线课程直播与录播。智慧校园网络学习平台应支持在线课程的实时直播与录播功能，满足不同场景下的教学需求。教师可以通过直播功能进行远程教学，实时与学生互动，解答问题；而录播功能则为学生提供了灵活的学习时间安排，学生可以根据自己的节奏回放课程内容，以便反复学习重点知识。

（2）互动式课堂。智慧校园网络学习平台应提供多种互动工具，增强课堂的互动性。例如，平台可以支持教师在线发布问题，学生实时回答，或者通过投票、问答、弹幕等功能实现课堂内外的互动。通过这些互动工具，教师可以实时了解学生的学习情况，并根据反馈及时调整教学策略。

（3）作业与考试管理。网络教学还应包括作业布置与在线考试的功能。平台应支持教师在线布置作业、批改作业，并为学生提供提交作业的界面。此外，在线考试功能可以帮助教师设计和管理测试，包括选择题、简答题、编程题等多种题型，并通过自动评分系统提高批改效率。平台还应提供防作弊措施，如在线监考、限制考试时间等，以保证考试的公平性和严肃性。

（4）教师与学生的实时交流。智慧校园网络学习平台应注重师生之间的

实时交流功能。例如，平台可以提供即时通信工具、讨论区、在线辅导等功能，方便学生随时向教师提问，或者与同学进行讨论。这种即时的交流方式不仅有助于学生及时解决学习中的疑惑，还能提升师生互动的质量。

3. 教学管理功能

教学管理功能是智慧校园网络学习平台实现教学流程高效运转的关键，通过信息化手段，智慧校园网络学习平台可以帮助学校和教师进行教学过程的规范化管理，提升管理效率。教学管理功能的构建应包括以下方面：

（1）课程安排与排课管理。智慧校园网络学习平台应具备课程安排与排课管理功能。平台可以根据学校的教学计划，自动生成课程表，优化安排教师和学生的课程时间、地点和内容。对于网络教学，平台还应支持在线课程的时间安排和通知功能，以提醒学生按时参与在线课程。

（2）学习进度跟踪与评价。智慧校园网络学习平台应提供学习进度跟踪功能，帮助教师和学生了解学习的最新进展情况。教师可以通过平台实时查看学生的课程学习情况、作业完成情况和考试成绩，并根据这些数据对学生进行有针对性的指导和评价。平台还应支持生成学习报告，提供可视化的数据分析，帮助教师优化教学策略。

（3）教学质量监控与反馈。智慧校园网络学习平台应设有教学质量监控机制，通过数据分析与学生反馈来评估教学效果。例如，平台可以通过学生的学习数据（如出勤率、作业完成情况、考试成绩等）对课程的教学质量进行量化评估。此外，平台应支持学生对课程和教师进行评价，并将这些反馈信息提供给教学管理者和教师，以便改进教学方法。

（4）教师发展支持。智慧校园网络学习平台还应为教师提供专业发展的支持。例如，平台可以提供教学培训课程、教学资源库等，帮助教师提升网络教学的技能和能力。同时，平台还应支持教师之间的经验分享和交流，鼓励教师通过教学论坛、研讨会等形式分享教学经验，共同探讨网络教学的改进策略。

（二）智慧校园网络学习平台的创新设计

智慧校园网络学习平台的创新设计，是现代教育信息化发展的重要方向。通过整合云计算、物联网等先进技术，平台实现了资源的共建共享、教学模式的创新以及教学管理的高效化。

第一，基于先进技术的创新设计。智慧校园网络学习平台的创新设计，首要任务是充分利用先进的信息技术手段。以云计算为核心的资源存储和分发方式，能够支持平台大规模数据的高效存储与处理。云计算的弹性和可扩展性确保了平台在面对海量教学资源时，能够灵活应对。无论是共享课、视频公开课、微课程，还是虚拟实验室等多样化的资源形式，都可以通过云技术实现高效存储和访问。物联网技术的应用则为校园网络学习平台的智能化管理提供了支撑。通过物联网，平台不仅能够实时监控教学活动，还能够对硬件设施（如智能教室、实验设备等）进行远程管理。学生可以通过智能终端设备接入平台，实现随时随地的自主学习，而教师和管理者也能通过平台及时掌握教学进度和学生的学习效果，为教学过程的优化提供数据支持。

第二，以教学资源建设为核心的设计理念。教学资源的建设与共享，是智慧校园网络学习平台设计的核心理念。不同于传统的资源分散管理方式，智慧校园平台将各类教学资源集中展示与管理，形成一个资源共建、共享的系统。平台不仅支持教师上传和管理课件、视频等教学资料，还能够自动生成学习路径，推荐个性化学习资源，以帮助学生在自主学习中得到精准的资源支持。资源的类型丰富多样，既包括微观层面的资源元，如单个的课件、题库、视频等，也包括宏观层面的资源库，如课件库、视频库、虚拟实验室等。在这一设计中，资源元和资源库是平台运作的基本单元，所有的教学活动都依托于此进行组织。教师可以通过平台发布课程内容，学生则能根据个人学习进度，选择适合自己的资源进行学习。

第三，创新教学模式的支持。智慧校园网络学习平台的创新设计，旨在突破传统课堂教学模式的限制，为教学活动提供更多灵活性和互动性。首先，平台支持多样化的教学模式，如混合式教学、“翻转课堂”等。通过这些新模式，教师不再仅依赖课时制的课堂教学，而是可以通过平台提前发布教学资源，让学生进行课前预习，并在课堂上进行问题讨论和知识深化。其次，平台的互动功能大大增强了师生之间的交流。通过即时消息、讨论区、在线答疑等功能，学生可以随时与教师交流，反馈学习中的困惑。教师也可以通过平台实时了解学生的学习情况，及时调整教学计划。最后，平台提供的虚拟实验室、在线测验等工具，也为学生的实践能力提升提供了更多的机会，增强了教学的实用性和趣味性。

第四，教学管理功能的集成。智慧校园网络学习平台不仅服务于教学和学习，还承担着教学管理的重要功能。通过平台，教学管理者可以对教学活

动进行全方位的监控与评估。从教师的备课、教学情况，到学生的学习进度、考试成绩，平台都能提供详细的数据支持。借助数据分析功能，管理者可以及时发现教学中存在的问题，进行有针对性的调整，确保教学质量的持续提升。平台还支持教学活动的全过程记录与评价功能。教师在上传教学资源或组织教学活动时，系统会自动记录相关数据，供管理者随时查阅。同时，学生的学习行为也会被记录，形成完整的学习档案，为未来的教学改进提供参考依据。通过这种数据驱动的管理方式，学校能够更加高效地实现教学质量的提升。

第五，智能化、个性化学习体验的提升。智慧校园网络学习平台的创新设计还特别关注学习者的个性化需求。基于人工智能技术，平台能够通过分析学生的学习数据，生成个性化的学习建议。例如，系统会根据学生的学习进度和学习偏好，推荐适合的学习资源，甚至可以自动调整学习路径，帮助学生在自主学习中获得最优的学习体验。此外，平台还支持学习进度的实时跟踪和反馈功能。学生在学习过程中遇到的问题，都可以通过平台的智能助手或在线答疑功能及时获得解答。这种个性化的学习体验，不仅提高了学生的学习积极性，也进一步增强了教学效果。

第六，多功能一体化的体系建设。智慧校园网络学习平台的最终设计目标，是实现教学、学习和管理的有机融合，打造一个多功能一体化的教育生态系统。平台不仅是教学资源的存储和分发工具，更是一个集教学、学习、管理于一体的系统化平台。在这个平台上，教师、学生和管理者可以通过不同的功能模块实现协同工作，形成一个全方位的信息化教育生态。通过整合多种功能，平台不仅满足了现代教育对高效管理和个性化学习的需求，还为未来教育的发展提供了广阔的空间。随着技术的不断进步，智慧校园网络学习平台也将在更多领域得到应用，如智能评估、虚拟现实教学、跨校资源共享等，从而进一步推动教育信息化的深化发展。

第二节　多元化技术助力智慧校园发展的新思路

一、桌面云技术助力智慧校园发展

（一）桌面云技术助力智慧校园发展的可行性

桌面云技术是一种基于虚拟化和云计算技术的解决方案，它通过虚拟机的形式，将用户桌面环境从传统的本地计算设备中解放出来，使得用户可以在任何设备、任何地点访问自己的工作环境。桌面云技术的核心优势在于对计算资源的集约化管理以及用户体验的显著提升，而这些特性与智慧校园的发展需求高度契合。

1. IT 资源的优化与集约化管理

传统校园的 IT 系统通常依赖于各类分散的硬件设备，管理和维护的复杂性极大地增加了运营成本。桌面云技术的引入可以有效地解决这一问题。通过将计算资源集中在云端进行统一管理，桌面云技术能够将分散的硬件资源整合成一个集中的计算平台，减少设备的冗余和浪费。这种集约化管理模式不仅降低了硬件采购和维护的成本，还简化了系统的运维流程，提高了资源的利用效率。例如，传统校园中的计算机教室通常需要大量独立配置的计算设备，这既占用了大量物理空间，又增加了硬件维护的负担。而通过桌面云技术，学校只需要配置基本的终端设备，所有的计算和存储任务都可以在云端服务器上完成。终端设备无须再进行复杂的维护和更新，大大减少了 IT 部门的工作负担。此外，桌面云技术还支持灵活的资源分配，能够根据实际需求动态调整服务器的计算能力和存储空间，避免资源浪费。

2. 用户访问的便捷性与灵活性

智慧校园的一个核心目标是为师生提供更加便捷和个性化的学习与工作体验。桌面云技术通过其高度灵活的访问方式，使得这一目标成为现实。在桌面云环境中，用户的桌面环境不再局限于某一台设备，而是被虚拟化并存储在云端，用户可以通过任何联网设备，随时随地访问自己的工作环境。这种灵活性为校园教学和管理带来了极大的便利。例如，教师可以通过自己的

笔记本电脑、平板电脑甚至手机，随时访问云端的教学资源，进行课程准备和批改作业；而学生则可以在宿舍、图书馆等任何地方，通过自己的设备随时访问云端桌面，进行学习和课外实践。这种随时随地的访问模式打破了传统教学中时间和空间的限制，为智慧校园的个性化学习提供了技术保障。此外，桌面云技术还能为智慧校园提供多终端的支持。无论是 Windows、Mac OS 还是 Android、iOS 设备，用户都可以通过不同的终端访问同一云端桌面，确保了用户体验的一致性。这种多终端的兼容性进一步增强了桌面云技术在智慧校园中的可行性。

3. 数据安全与隐私保护

数据安全是智慧校园建设中至关重要的一环。随着信息化程度的提高，校园中的数据量呈爆炸式增长，其中包括大量的学生成绩、科研数据、财务信息等敏感数据。因此，如何保障这些数据的安全也成为智慧校园发展的核心挑战之一。桌面云技术通过集中的数据存储和管理，为数据安全提供了有效的解决方案。在桌面云环境中，用户的所有数据和应用都被集中存储在云端服务器上，而不是分散存储在各个本地设备上。这种集中管理的方式不仅提高了数据存储的可靠性，还降低了数据丢失和泄露的风险。即使用户的终端设备出现故障或被盗，云端的数据依然能够得到有效保护。此外，桌面云技术还支持数据加密和多重身份验证机制，这进一步加强了数据访问的安全性。同时，桌面云技术还能为智慧校园提供强大的备份和恢复功能。在传统的 IT 环境中，数据备份通常需要依赖本地设备的手动操作，过程烦琐且容易出现遗漏。而通过桌面云技术，学校可以在云端自动进行定期备份，确保所有数据都有可靠的备份副本，一旦发生系统故障或数据丢失，能够迅速恢复，保证了数据的完整性和可用性。

4. 可扩展性与长期发展潜力

智慧校园的发展是一个持续演进的过程，随着技术的进步和用户需求的变化，校园的信息化建设也需要不断升级和扩展。桌面云技术具有高度的可扩展性，能够满足智慧校园未来发展的需求。学校可以根据实际需求，灵活调整桌面云系统的规模和功能，从而保证技术平台始终与校园的发展同步。例如：随着学生人数的增加或教学应用的更新，学校可以随时扩展桌面云的计算和存储资源，而无须更换硬件设备。这种弹性扩展能力不仅降低了校园的 IT 投资风险，还提高了资源利用的灵活性。此外，桌面云技术还支持与其他云计算服务的无缝集成，如云存储、云备份等，为智慧校园提供了更多元的技术支持。在智慧校园的发展过程中，技术的更新迭代速度非常快，而桌面云技术的引入为智慧校园的长期发展提供了强有力的技术保障。通过桌面云，学校可以始终保持其技术平台的前瞻性，确保在未来的数字化竞争中始终处于领先地位。

5. 环境友好型的绿色校园建设

智慧校园不仅追求高效、便捷的教学和管理方式，还注重环境的可持续发展。桌面云技术通过其资源的集中化和虚拟化管理，为智慧校园的绿色建设提供了重要支持。传统的计算设备通常需要大量的电力供应和冷却系统，而桌面云技术则通过集中计算资源，减少了物理设备的数量，从而降低了校园的能耗。例如，在传统的计算机教室中，成百上千台独立的计算机设备需要全天候运行，而桌面云技术可以通过虚拟化的方式，将这些设备的计算任务集中在云端服务器上，大幅减少了能耗和碳排放。同时，桌面云还能够根据实际需求动态调整计算资源的使用量，避免资源的闲置和浪费。这种绿色环保的技术特点与智慧校园的可持续发展理念高度契合，为校园的节能减排提供了有力支持。

（二）桌面云技术助力智慧校园发展的应用分析

随着信息化技术的迅速发展，教育领域的智慧校园建设也不断推进，其中，桌面云技术因其强大的灵活性、资源集约性和安全性，成为智慧校园建设的核心工具之一。桌面云技术通过虚拟化技术，将计算机桌面的操作系统和应用程序集中到数据中心运行，并将桌面界面通过网络传输给用户终端，极大地提高了资源利用率和管理效率。

1. 应用与桌面部署

桌面云技术在智慧校园中的应用，最早体现在其对桌面环境的集中管理和统一部署能力上。在传统的校园信息化建设中，各个计算机终端的操作系统和应用程序需要逐一安装和维护，既耗时费力，又难以保证软件版本的一致性。桌面云技术则可以将所有桌面环境集中部署在服务器端，由管理员统一进行安装和配置。通过虚拟化技术，多个用户可以在同一物理服务器上运行各自独立的虚拟桌面环境，不同的用户还可以根据权限分配，获取相应的软件和资源。在智慧校园中，桌面云技术为教室、实验室、办公室等场景提

供了灵活的桌面使用方案。教师和学生可以通过终端设备连接云桌面，随时随地访问所需教学资源和应用程序。尤其是在计算机实验室中，桌面云技术的应用使得实验环境可以快速切换，满足不同课程对软件环境的多样化需求，避免了传统方式下软件安装和配置的烦琐过程。此外，桌面云技术的应用能够支持大规模的桌面更新和维护。在传统的校园桌面管理中，系统升级或软件更新往往需要逐台进行，而通过桌面云技术，管理员可以一次性完成对所有虚拟桌面的更新，大大提高了维护效率、降低了维护成本。

2. 远程桌面接入

桌面云技术的另一个重要优势在于其支持远程桌面接入的能力。这一特性特别适合智慧校园中的移动学习和远程教学场景。学生和教师可以通过笔记本电脑、平板电脑甚至智能手机等终端设备，随时随地接入学校的桌面云系统，访问自己的虚拟桌面，进行学习、教学或办公操作。远程桌面的接入不仅打破了时间和空间的限制，还使得智慧校园的应用范围扩大。例如，学生可以在家中通过桌面云技术进行远程实验操作，教师则可以在出差或居家的情况下访问学校的教学资源和办公系统。这种灵活性显著提高了校园资源的利用效率，也为疫情等特殊情况下的远程教学提供了有力支持。此外，远程桌面接入还可以与校园网关、身份认证等技术相结合，确保用户在访问桌面云系统时的安全性和合规性。通过加密传输和多重身份验证机制，学校可以有效保障远程访问过程中数据的安全性，以防止未经授权的访问和信息泄露。

3. 管理和运维

桌面云技术不仅提升了用户的使用体验，还为校园的 IT 管理和运维提供了新的解决方案。传统的 IT 运维模式需要对每台计算机进行单独管理，面临着硬件设备多、软件版本杂、故障排查难等各种问题。而桌面云技术通过虚拟化和集中管理，使得所有桌面环境都统一托管在云端，管理员可以通过一个集中的控制台对所有虚拟桌面进行管理。在桌面云技术的管理平台中，管理员可以实时监控各个虚拟桌面的运行状态，随时进行资源分配和调整。当某个虚拟桌面出现故障时，管理员可以迅速定位问题并进行修复，而不会影响其他用户的正常使用。这种集中管理的模式不仅提高了故障处理的速度，还降低了 IT 人员的工作强度。同时，桌面云技术的运维模式也更加灵活。通过虚拟机快照和克隆技术，管理员可以轻松为用户创建新的桌面环境，或者在出现故障时快速恢复系统。对于教学场景中的实验室环境，管理员可以提前创建实验所需的桌面模板，在每节课前通过一键部署快速生成学生的实验环境，节省了大量的时间和人力资源。

4. 网络安全保障

智慧校园的建设离不开对网络安全的高要求，而桌面云技术在这一方面则提供了强有力的保障。传统的校园计算机系统由于分散管理和多终端访问，往往容易成为病毒、木马等恶意软件的攻击目标，且信息泄露风险较高。桌面云技术通过集中化的桌面管理，减少了用户终端上的漏洞，增强了系统的整体安全性。首先，桌面云技术采用虚拟化隔离机制，使得每个用户的桌面环境都是独立的，互不干扰。当某个虚拟桌面遭受攻击或感染病毒时，管理员可以及时将其隔离，不会影响其他用户的桌面环境。同时，桌面云技术支持定期的系统快照和备份，管理员可以在出现安全问题时，快速将虚拟桌面恢复到安全的快照版本，减少损失。其次，桌面云技术通过加密传输和访问控制，确保了数据的传输安全。用户在通过终端设备访问云桌面时，所有数据都会经过加密处理，防止被恶意截取和篡改。学校可以结合防火墙、入侵检测系统等安全设备，进一步增强桌面云系统的安全性。最后，桌面云技术还支持灵活的访问权限控制。管理员可以根据用户的角色和需求，设置不同的访问权限，确保学生、教师和管理人员只能访问与其工作或学习相关的资源，避免了权限滥用所带来的安全隐患。

5. 节能与扩容

智慧校园建设过程中，节能与扩容是不可忽视的两个重要问题。随着校园信息化水平的提高，计算机终端数量的增加必然带来能耗的上升和设备管理的复杂化。桌面云技术通过虚拟化资源整合和动态负载调整，有效解决了这一问题。首先，桌面云技术通过资源虚拟化整合，减少了物理设备的需求。在传统的校园计算机系统中，每台计算机都需要配置独立的硬件资源，如 CPU、内存、硬盘等。而通过桌面云技术，多个虚拟桌面可以共享同一台物理服务器的硬件资源，从而大幅降低设备采购成本和能耗。其次，桌面云技术支持按需扩容。当校园的桌面需求增加时，管理员可以通过增加虚拟机数量的方式进行快速扩容，而不需要重新采购大量的物理设备。这种灵活的扩展性不仅提高了资源的利用效率，还减少了校园设备管理的复杂性。最后，桌面云技术通过负载均衡和动态资源调整，进一步优化了系统的能耗管理。

在用户使用高峰期，系统可以自动调配更多的计算资源，确保用户体验的稳定性。而在使用低谷期，系统则会自动释放部分资源，降低服务器的能耗，达到节能的目的。

二、区块链技术助力智慧校园发展

“区块链具有的去中心化、去信任、不可篡改、可溯源的特点贴合智慧教育开放、交互、跨平台的特性，在助力智慧教育、有效构建教育主体之间的信任体系方面有着无与伦比的优势，有助于打造更加开放和更具公信力的教育生态新环境。”① 区块链技术和智慧校园建设融合，能更好地提高教学、科研、管理等的安全性和透明性。

（一）区块链技术助力智慧校园发展的评价体系

区块链技术作为一种去中心化、透明和安全的分布式账本技术，正在为智慧校园的建设提供新的契机。通过其在数据存储、安全性、信任机制等方面的独特优势，区块链技术可以有效助力智慧校园的高效发展。为了评估区块链技术在智慧校园中的应用效果，建立一套科学、合理的评价体系是至关重要的。

1. 技术层面的评价指标

（1）区块链技术的可扩展性与兼容性。在智慧校园的构建中，区块链技术的可扩展性和兼容性是衡量其应用效果的重要标准。可扩展性关系区块链技术能否适应智慧校园内不同系统之间的高效协作，特别是在进行大规模数据处理的情况下，区块链技术是否能够应对大量信息的存储与流转。同时，区块链技术必须与校园内现有的各种信息系统和技术平台兼容，确保信息无缝对接、数据流畅共享。这要求区块链技术在设计时不仅要考虑当前的需求，还要预留未来发展的空间，以应对智慧校园日益增长的数据和业务量。

（2）数据安全与隐私保护。区块链技术在数据安全性方面具有显著优势，特别是在去中心化的架构下，能够有效防止单点故障和网络攻击。通过智能合约和加密算法，区块链可以确保智慧校园内敏感数据的安全性和隐私性。然而，如何在保护学生和教职工隐私的同时，实现数据的共享与透明是

① 刘佳．区块链打破“高校围墙”助力智慧教育［J］．电脑与电信，2020（5）：13.

一个重要的评价维度。一个合理的评价体系应当考察区块链技术在确保数据安全的前提下，是否能够为校园管理者和师生提供足够的数据访问权限，从而实现数据的共享与利用。

（3）数据存储与访问效率。在智慧校园中，大量的教学、科研和管理数据需要被实时记录、存储和访问。区块链技术的分布式存储特点能够保障数据的完整性和不可篡改性，但其访问效率和存储负担也是需要重点关注的问题。由于区块链的链式结构，数据的存储和检索时间可能较长，因此需要评估区块链系统在面对大量数据访问请求时的响应速度。此外，存储数据的成本和效率也是评估区块链应用效果的重要指标之一，评价体系应关注如何通过技术优化减少存储负担，从而提高数据访问效率。

2. 管理层面的评价指标

（1）校园管理效率提高。智慧校园的核心之一在于通过信息化手段提高校园管理效率，而区块链技术在去中心化管理和自动化流程处理方面具有独特的优势。通过智能合约技术，许多日常的行政管理工作都可以实现自动化处理，从而减少人为干预，提高管理效率。在评价体系中，需重点考查区块链技术在提高校园管理效率方面的作用，特别是在优化校园资产管理、学生信息管理和教务管理等环节中的表现。通过具体的管理场景，如学籍管理、设备借用、财务报销等，评价区块链技术在简化管理流程、降低管理成本方面的实际效果。

（2）决策透明度与信任机制。区块链技术的不可篡改性和透明性使其在建立信任机制方面具有显著优势。智慧校园中的决策过程常涉及多个部门和人员，如何确保决策的透明度与公平性是管理层面的重要挑战。区块链技术通过记录每一次操作和决策的详细过程，确保所有参与者都能够查看并追溯决策流程，从而提升校园管理的透明度。评价体系应着重考查区块链技术在智慧校园中如何提升管理决策的透明性，以及能否通过技术手段增强不同利益相关者之间的信任，减少因信息不对称导致的矛盾与纠纷。

（3）校园资源分配与调度。智慧校园中的资源分配和调度涉及教学设施、科研设备、图书资料等多个方面，而区块链技术在资源管理中的应用能够有效提高资源分配的公平性和效率。通过区块链技术，可以实现对校园资源使用情况的实时跟踪，确保资源的合理分配与高效利用。评价体系应重点关注区块链技术在资源分配中的公平性和透明度，是否能够通过智能合约和自动化调度系统，减少资源浪费，提高资源使用效率。

3. 教育教学层面的评价指标

（1）教学过程管理与质量保障。在智慧校园的建设中，如何提高教学管理效率、保障教学质量是核心目标之一。区块链技术能够通过记录学生的学习全过程、考试成绩以及教师的教学行为等关键信息，实现对教学过程的全方位管理和监督。在评价体系中，需要考查区块链技术是否能够为学校提供有效的教学数据支持，帮助管理者及时发现教学过程中存在的问题，优化教学质量保障体系。此外，还需评估区块链技术在学生学习档案的管理和认证方面的应用效果，特别是能否为学术评价提供更为准确、公正的数据依据。

（2）学生成长轨迹记录与评价。智慧校园的一个重要目标在于实现学生个性化成长的全程记录和评价。通过区块链技术，学校可以建立学生成长档案，将其在校期间的学习成绩、社会实践、课外活动等信息进行全程记录，并确保这些数据的真实可靠。评价体系应重点考查区块链技术在记录和追踪学生成长轨迹方面的表现，尤其是在数据安全性、不可篡改性和长期保存等方面的技术优势。此外，还需评估区块链技术能否为学生提供个性化的学习建议和评价机制，帮助学生更好地规划其学业发展路径。

（3）教学资源共享与开放。智慧校园的另一重要功能在于教学资源的共享与开放，而区块链技术能够通过构建一个去中心化的资源共享平台，促进教师、学生以及外部教育资源的流动与共享。评价体系应考查区块链技术是否能够打破传统资源共享平台的技术壁垒，实现跨校、跨区域的教学资源共享，并保障资源的使用安全性与版权保护。此外，还需关注区块链技术在促进优质教育资源普及、提升教育公平性方面的作用，评估其是否能够推动教学资源的全面开放与流动。

4. 社会效益层面的评价指标

（1）校园诚信体系建设。区块链技术在智慧校园中的应用不仅限于教学管理，还可以推动校园诚信体系的建设。通过区块链技术，可以对学生的行为、考试成绩、奖惩记录等信息进行透明管理，避免学术不端行为的发生。评价体系应重点考查区块链技术在构建校园诚信体系方面的作用，特别是能否通过数据透明化和不可篡改性，减少校园内的失信行为，增强学生和教职工的诚信意识。

（2）校园文化建设与社会责任。智慧校园的建设不仅要注重技术与管理，还应注重校园文化的建设与社会责任的承担。区块链技术在校园文化建设中，能够通过记录和推广校园内的公益活动、志愿服务等，推动学生积极参与社会公益事业，增强社会责任感。评价体系应考查区块链技术在促进校园文化传播、增强师生社会责任感方面的作用，特别是在推动绿色校园、可持续发展等方面的实际效果。

（3）社会影响力与外部评价。智慧校园的发展不仅关乎校内的教学和管理，还会对外部社会产生广泛影响。区块链技术的应用能否提升学校的社会声誉、吸引更多的优质生源和社会资源，同样是评价体系的重要考量因素之一。此外，社会公众和教育行业对智慧校园建设的认可度和评价，也是衡量区块链技术应用效果的重要指标。评价体系应着重考查区块链技术在提升学校社会影响力、促进校企合作等方面的表现，以便分析其在推动智慧校园与社会互动中的作用。

（二）区块链技术助力智慧校园发展的质量体系

在智慧校园的构建中，区块链技术的引入为质量体系的建立提供了新的可能性。区块链技术以其去中心化、不可篡改和透明化的特性，为智慧校园的质量体系提供了坚实的技术支持。在这种背景下，智慧校园质量体系可分为三个主要层次：建设策划系统、软件媒介系统以及价值功效系统。

1. 建设策划系统

建设策划系统是智慧校园质量体系的基础层面，其主要功能是确保校园建设的科学性和规范性，区块链技术在这一层次的应用主要体现在以下方面：

（1）数据透明性与追溯性。区块链技术的核心特性之一是数据的不可篡改性，这一特性使得建设策划系统中的数据能够被准确记录和追溯。例如：在智慧校园的建设过程中，涉及的规划方案、设计文档、审批记录等信息可以被记录在区块链上，确保其真实性和完整性。这种数据透明性不仅有助于减少数据篡改的风险，还能提高相关部门的工作效率。

（2）智能合约的应用。智能合约是一种自动执行合约条款的程序，能够在满足特定条件时自动触发预定义地操作。在智慧校园的建设策划中，智能合约可以用于管理项目招标、合同签署及执行等环节。例如：当建设方完成了特定的建设任务并提交验收报告时，智能合约可以自动生成支付指令，确保项目资金的及时结算。这种自动化的过程能够有效减少人为干预和操作失误，提高项目管理的效率和公正性。

（3）多方协作与信息共享。智慧校园的建设通常涉及多个利益相关方，其中包括政府部门、设计公司、施工单位等。区块链技术能够为这些不同的参与者提供一个可信赖的信息共享平台。通过在区块链上记录和共享建设过程中的关键信息，各方能够实时获取最新的数据和项目进展情况，从而提高合作效率，减少信息不对称带来的各种问题。

2. 软件媒介系统

软件媒介系统是智慧校园质量体系的中间层，主要负责智慧校园的日常运营和管理，区块链技术在这一层次的应用主要包括以下方面：

（1）安全认证与权限管理。在智慧校园中，各种软件系统需要处理大量的敏感信息，如学生的个人隐私数据、教学资源等。区块链技术可以通过其加密特性提供更加安全的认证和权限管理机制。例如，区块链可以用于学生身份的认证，确保只有经过验证的用户才能访问特定的系统或数据。这种安全认证机制能够有效防止数据泄露和未经授权的访问，从而提升系统的整体安全性。

（2）数据交换与共享。智慧校园中涉及的各种系统需要进行数据交换和共享，如教学管理系统、学生信息系统等。区块链技术能够提供一个去中心化的数据交换平台，并确保数据在不同系统之间的传输过程中不被篡改或丢失。通过区块链技术，学校能够实现对数据的高效整合和共享，提高信息处理的准确性和效率。

（3）应用程序接口（API）管理。为了实现不同系统之间的互操作性，软件媒介系统需要管理和维护多个应用程序接口（API）。区块链技术可以帮助记录和管理这些 API 的使用情况，确保各个系统之间的接口调用符合预定的规范和协议。这种管理机制不仅能够提高系统的兼容性，还能够减少因 API 不一致导致的技术问题。

3. 价值功效系统

价值功效系统是智慧校园质量体系的高层次部分，关注的是区块链技术应用所带来的实际效益和价值，其主要体现在以下方面：

（1）提高校园管理效率。区块链技术能够通过自动化和智能化的手段提高校园管理的效率。例如：区块链技术可以优化校园资产管理、学生考勤管理等业务流程，减少人工干预和操作错误。通过智能合约和自动化系统，学校能够更快地响应各种管理需求，提高管理效率和服务质量。

（2）增强透明度和公信力。区块链技术的不可篡改性和透明性能够有效提升校园管理的公信力。通过在区块链上记录和公开关键管理信息，如财务报表、奖惩记录等，学校能够增加管理过程的透明度，增强师生对管理工作的信任。这样的透明度不仅能够减少管理纠纷，还能够促进学校内部的公平和公正。

（3）促进创新和持续发展。区块链技术的应用不仅可以解决当前的各种问题，还能够为智慧校园的未来发展提供新的机会。通过区块链技术，学校可以探索更多的创新应用场景，如数字证书管理、教育资源共享等。这种创新能够推动学校的持续发展，提高学校的整体竞争力。

第三节　平安校园与绿色校园的创新发展

一、平安校园的创新发展

（一）平安校园建设的现实意义

平安校园建设不仅是学校管理现代化的重要组成部分，更是高校维护师生利益、保障教育质量的重要举措。在当前社会环境日益复杂的背景下，校园安全问题成为学校管理者需要关注的重点。平安校园的建设不仅关系学校自身的稳定和发展，还直接影响着人才培养质量、师生的核心利益以及依法治校的进程。因此，平安校园建设具有深远的现实意义，从法律制度、人才培养、师生利益和学校改革等多方面体现出其不可忽视的作用。

1. 平安校园建设是人才培养的第一需要

人才培养是高校的根本使命，而安全稳定的校园环境是实现这一目标的首要前提。平安校园建设直接关系学校教育教学的正常开展，为学生的学习、生活和成长提供了良好的环境保障。在一个安全、有序的校园中，学生可以更加专注于学术研究和个人发展，教师也能够全身心投入教学和科研工作中。因此，平安校园建设是高校培养高素质人才的第一要素。平安校园的建设不仅体现在物理安全层面，如消防安全、设备安全等，还涵盖了心理安全和精神安全。近年来，学生的心理健康问题逐渐引起了广泛关注，校园内的心理

辅导和危机干预更是成为安全管理中的重要内容。通过完善的心理辅导体系，平安校园建设能够及时识别和处理学生的心理危机，防止严重的校园安全事件发生。同时，学校还可以通过安全教育和宣传，提高学生的安全意识和自我保护能力，帮助他们在面对突发事件时能够冷静应对，尽量减少安全风险。在信息化时代，平安校园的建设还应包括网络安全的管理。随着网络技术的普及，学生的学习和生活越来越依赖于网络平台，然而许多网络安全问题也随之凸显。通过建立健全的网络安全管理机制，平安校园可以有效防范网络诈骗、信息泄露等安全隐患，确保学生和教师能够在安全的网络环境中学习和工作。这不仅为人才培养提供了更加全面的保障，也提升了学校的信息化管理水平。

2. 平安校园建设是推进依法治校的重要举措

随着我国法治建设的不断深入，依法治校成为高校管理的重要方向。平安校园建设正是推进依法治校、加快现代大学制度建设的重要手段之一。在法治框架下，学校的各项管理工作必须严格依据法律法规开展，安全管理作为其中的重要内容，必须依托法律手段进行有效治理。通过建设平安校园，学校能够逐步建立起完善的安全管理体系，并将安全管理的各项措施制度化、规范化，从而为依法治校奠定基础。平安校园建设中的安全制度包括校园安保机制、紧急事件应对机制、师生安全保障机制等多个方面。这些制度的建立和完善，不仅有助于提高校园安全管理的科学性和规范性，还能够有效防范和化解各类安全风险，从而维护校园的和谐稳定。通过依法治校，校园安全管理不再依赖于单一的行政命令或临时决策，而是依据法律法规和制度流程进行科学管理，这既提高了管理的效率，也增强了学校在处理各类安全事件中的合法性和公信力。此外，平安校园建设还能够促进学校与社会安全管理体系的有机融合。校园作为社会的组成部分，其安全问题与周边社区、公安部门等外部力量密切相关。在依法治校的框架下，学校可以通过与外部部门的紧密合作，构建起全方位立体化的安全管理网络，实现校园内部与外部的安全联动与信息共享。这种跨部门、跨领域的合作，不仅提高了校园安全管理的效率，还推动了学校与社会共同推进法治建设的进程。

3. 平安校园建设是师生核心利益的集中体现

平安校园建设的首要任务是保护校园内师生的生命财产安全，这直接关系广大师生的核心利益。作为学校的主要成员，师生不仅是校园安全的受益者，也是校园安全的参与者和共同维护者。通过平安校园的建设，学校能够为师生提供一个安全、稳定的学习和工作环境，确保他们的人身安全和财产安全得到有效保障。在日常的校园生活中，师生的核心利益不仅体现在物质层面的安全，还包括精神层面的安全感和幸福感。一个安全的校园环境，不仅能够让学生安心学习，也能够让教师安心工作。尤其是在当前社会治安形势复杂多变的情况下，平安校园的建设显得尤为重要。通过科学的安防措施和应急预案，学校可以有效预防各类安全事件的发生，确保师生的生命财产安全不受到威胁。与此同时，平安校园建设还能够提升师生的归属感和幸福感。当校园成为一个和谐、安全的空间时，师生的校园生活质量将大大提高，他们对学校的认同感也会随之增强。这不仅有助于学校的稳定发展，还能够促进校园文化的建设，提升学校的整体凝聚力和向心力。此外，学校在平安校园建设中的积极作为，也能够树立良好的社会形象，增强学校在社会中的公信力和影响力。

4. 平安校园建设是建设高水平大学的内生需求

在当前高等教育改革不断深化的背景下，平安校园建设成为推进高校改革与发展的内生需求。建设平安校园不仅是学校管理现代化的体现，也是高水平大学建设的重要组成部分。通过平安校园的建设，学校能够为各项改革措施的实施提供安全保障，确保教学、科研、管理等各项工作的顺利开展。随着高校改革的深入推进，校园内的各种资源和人员流动加快，安全管理的难度也随之增加。平安校园建设能够通过科学的管理手段和先进的技术设备，确保校园内外各类人员、物资和信息的安全流动与有效管理。例如，通过信息化手段，学校可以对校园内的各类安全事件进行实时监控和管理，及时发现问题并制定应对措施，有效防止安全事故的发生。同时，平安校园的建设还能够促进校园内部各部门的协调与合作，增强学校在处理突发事件时的应对能力。此外，平安校园的建设也是提升高校国际化水平的重要保障。随着高校国际化进程的加快，越来越多的外国留学生和国际学者来到中国学习和工作，校园的安全问题也随之复杂化。通过建设平安校园，学校可以为国际化进程提供有力的安全保障，确保中外师生的生命财产安全不受到威胁。这不仅有助于提高学校的国际声誉，还能够为学校的国际交流与合作提供稳定的环境支持。

（二）平安校园中安防信息化升级建设

1. 平安校园中安防信息化升级建设的目标

在现代校园环境中，保障校园安全已成为学校管理者的首要任务之一。平安校园建设中的安防信息化升级，是校园安全保障体系进一步完善的重要举措。通过安防信息化建设，可以实现对校园的全方位、全时段监控与管理，从而最大限度地预防和应对各类突发事件。平台集中化、业务专业化、应用全局化是平安校园安防信息化升级的三大核心目标，依托先进的信息技术手段，可以确保安防系统的智能化、集成化和高效化发展。

（1）平台集中化。平安校园的安防信息化升级中，平台集中化是实现高效安全管理的关键。传统的校园安防系统往往各自独立，难以做到信息的共享与联动。而通过平台集中化建设，能够将不同的安防设备和系统统一纳入一个综合管理平台，形成一个多功能、一体化的管理枢纽。这一平台能够将监控视频、报警数据、人员定位、门禁管理等多种信息整合在一起，为学校提供全方位、实时化的监控服务。同时，平台集中化还体现在数据的统一管理和调度能力上。通过统一的数据处理中心，能够实现各类数据的集成处理，提升数据的准确性和实时性。管理者可以通过该平台实时掌握校园内的安全动态，快速反应并作出相应决策，从而显著提高了安防系统的运作效率。

（2）业务专业化。业务专业化是安防信息化升级中的另一个重要目标。随着校园安全威胁的日益复杂化，单一的监控手段已无法应对多样化的安全挑战。因此，平安校园建设必须在业务层面进行专业化升级，确保每个环节都有专门的技术支撑。例如，针对校园内的不同安全区域，可以设置不同类型的监控设备，如高分辨率摄像头、热感应设备、人员识别系统等，确保在不同的环境下能够实现精准的安全监控。同时，还可以通过部署专业的安防人员和应急响应团队，确保在紧急情况下能够快速响应。业务专业化不仅是在技术层面提升，还需要与实际的安全管理需求相结合，从而形成一套完整的、针对性强的安全管理体系。

（3）应用全局化。应用全局化指的是通过整合校园内外的安防资源，形成覆盖全局的安全管理网络。安防信息化升级不仅是校园内部的安全管理，还需要与周边社区、公安部门等外部资源进行联动，实现更广泛的安全防控。通过大数据、云计算等技术手段，校园安防系统可以将内部的监控数据与外部的公共安全信息进行融合，从而形成一个全面的安全管理网络。在这一网络中，任何潜在的安全威胁都可以被及时识别并进行预警，管理者可以迅速采取措施，防止事件进一步扩大。此外，全局化的安防应用还能够实现跨部门的协同管理，切实提高应急响应的效率和精准度。

2. 平安校园中安防信息化升级建设的策略

（1）建立风险评估和研判预警体系。风险评估和研判预警体系是安防信息化升级中的重要部分。通过这一体系，可以对校园内外的潜在风险进行分析、研判，提前发现安全隐患，并采取相应的预防措施。建立这一体系的关键在于大数据和人工智能技术的运用。通过对历史数据的分析，系统可以识别出潜在的风险因素，并进行趋势预测，从而为安全管理提供科学的依据。在这一过程中，风险评估体系不仅限于对校园内部数据的分析，还应包括对外部数据的整合与分析，如周边地区的社会治安状况、天气预警等。通过多维度的数据整合与分析，可以更全面地掌握校园安全形势，并为决策者提供精确的风险预警信息。此外，该体系还可以根据不同类型的风险，制订相应的应急预案，确保在突发事件发生时，能够迅速采取有效措施。

（2）建立指挥调度体系。指挥调度体系是平安校园建设中的重要保障，通过统一指挥、快速反应的机制，能够在突发事件发生时实现高效的资源调度和指挥操作。传统的校园应急指挥机制往往面临信息不畅、资源调度不及时的问题，而通过安防信息化的升级，指挥调度体系可以实现资源的高效整合与联动。在这一体系中，网格化管理和多媒体通信技术是两大关键支撑。通过网格化管理，校园可以被划分为若干个安全网格，每个网格都有专门的安保人员和监控设备，从而实现“点对点、网格化”式的安全监控与管理。同时，多媒体通信技术的引入，使得指挥中心能够通过视频、音频等多种形式与一线安保力量进行实时沟通，进一步提高了指挥调度的效率。此外，指挥调度体系还包括多部门联合大巡防机制的构建。通过这一机制，校园内部的安保力量与外部的公安、社区等安全资源可以实现协同作战，共同应对各类安全威胁。平安校园管理服务中心作为这一体系的指挥枢纽，主要负责下达指令并实时调度各类资源，确保在突发事件发生时，能够迅速响应并采取有效措施。

（3）建设防控一体化体系。防控一体化体系是平安校园安防信息化升级的另一重要组成部分。通过防控一体化体系，校园安全管理可以实现对各类安全事件的全流程管理，从事件的预警、响应到事后的分析与总结，形成一

个完整的闭环管理模式。该体系的建设需要依赖于各类先进的安防设备和技术，如智能监控系统、自动报警系统、人员定位系统等。这些设备可以实时采集校园内外的安全信息，并通过安防平台进行统一管理和处理。同时，防控一体化体系还包括对安全事件的应急预案管理和指挥调度机制的整合，确保在突发事件发生时，能够迅速作出反应，避免事态扩大。防控一体化不仅是对安全事件的管理，还包括对人员、财产的全方位保护。例如：通过门禁系统的升级，可以实现对校园人员出入的实时监控，防止外来人员随意进出校园。此外，通过智能化的财产保护系统，校园内的贵重设备、物品等可以得到更加全面的保护，降低安全事故的发生率。

（4）建设信息技术保障体系。信息技术保障体系是平安校园安防信息化升级的技术支撑核心。随着现代安防系统的复杂性和智能化程度不断提高，需要强大的信息技术作为支撑。在这一过程中，信息技术保障体系的建设主要包括接处警系统、有线调度系统、无线指挥系统、图像分析系统、大屏显示系统、GIS 系统、决策指挥系统、预案管理应用系统等多个独立的支撑系统。

第一，接处警系统是校园安全管理的第一道防线。当校园内发生紧急情况时，接处警系统能够第一时间接收到报警信息，并迅速启动相应的应急预案。通过与各类监控设备的联动，接处警系统可以实时掌握事件现场的情况，并通过有线或无线调度系统，及时将信息传递给相关部门和人员。

第二，图像分析系统是信息技术保障体系中的重要组成部分。该系统可以对监控视频进行智能化分析，识别出异常行为或潜在的安全威胁。例如，图像分析系统可以通过人脸识别技术，对进出校园的人员进行实时监控，发现可疑人员并及时报警。

第三，大屏显示系统和 GIS 系统则是校园安全管理中的关键技术支撑。通过大屏显示系统，管理者可以实时查看校园内的安全状况，监控各类安全设备的运行状态。而 GIS 系统则可以将安全事件的地理信息进行可视化展示，从而帮助管理者快速定位事件发生地点，提高应急响应的效率。

第四，决策指挥系统和预案管理应用系统则为校园安全管理提供了科学的决策支持。通过对历史数据的分析，决策指挥系统可以帮助管理者制订更加合理的应急预案，并在事件发生时快速启动相应的预案，以确保校园安全管理的科学性与高效性。

二、绿色校园的创新发展

绿色校园涵盖了校园的建筑、设施、教育、科研、管理和文化等多方面的创新发展，旨在通过一系列绿色技术与管理理念的应用，推动校园实现可持续发展。绿色校园强调资源的节约、对环境的保护和教育的创新，使师生不仅能够在优质的生态环境中学习和工作，还能够通过亲身实践提升环保意识，并为未来的可持续发展提供技术与人才支持。绿色校园的创新发展可以通过以下方面展开：

（一）绿色建筑与设施建设

绿色校园的核心之一在于建设和管理符合生态理念的绿色建筑与设施，这不仅是推动校园可持续发展的必要措施，更是创新环保技术的有力手段。

第一，推广使用环保建材是构建绿色校园的基础。环保建材通常具有低污染、可回收利用等特点，能够在建筑材料的生产、运输、使用等过程中减少对环境的破坏。通过引入高效节能的材料，如再生混凝土、低能耗玻璃等，不仅可以显著减少建筑物的碳排放，还能延长建筑物的使用寿命。这种材料的使用不仅符合可持续发展的要求，还能为学生提供一个健康的学习生活环境。

第二，提高建筑能效是实现绿色校园的另一重要方向。校园建筑的能效提升主要体现在对供暖、通风、照明和电力系统的优化管理上。例如，采用太阳能板、风力发电设备等可再生能源，可以显著减少传统能源的使用，从而降低碳足迹。同时，通过智能化技术的引入，校园建筑可以实现能源的精准调控与实时管理。智能化管理系统能够根据天气、室内温度和人流量等因素自动调整能耗设备的工作状态，从而最大化节能效果。这种系统的应用不仅降低了运营成本，还提高了能源利用效率，为建设绿色校园提供了技术支持。

第三，绿色校园需要引入生态设施。设计绿色屋顶和雨水回收系统是其中的创新举措之一。绿色屋顶不仅可以有效降低建筑物的热岛效应，还能够提供一个小型生态环境，改善校园空气质量。而雨水回收系统则通过收集并处理雨水用于校园绿化、厕所冲洗等非饮用水需求，从而减少自来水能源的消耗。这些设施的引入不仅是绿色建筑的体现，更是生态可持续发展的具体实践，为绿色校园建设提供了长远的发展方向和基础保障。

（二）绿色教育与科研发展

绿色校园的创新发展不仅体现在物质设施上，还应深入到教育与科研的层面。

第一，绿色教育的重点在于通过理论与实践相结合的方式，帮助学生深入理解环境问题的本质，培养他们的环保意识与责任感。例如，环保相关课程可以涵盖环境科学、可持续发展等内容，从不同学科角度探讨全球气候变化、生态平衡与资源利用等议题，使学生在学习专业知识的同时树立正确的环境观念。此外，学校还可以通过组织环保讲座、开展绿色行动周等活动，进一步增强师生的环保意识。

第二，绿色科研是推动校园环保技术创新的关键。通过设立绿色科研项目，学校可以鼓励教师和学生共同探索新型环保技术，以此推动环保科技的进步。例如，开展关于新能源开发、污染物处理、废物回收等课题的研究，不仅能够为社会提供技术支持，还能够通过校园实验示范效果验证这些技术的可行性和经济性。此外，绿色科研还应注重跨学科合作，整合学校的科技资源，鼓励不同学科的教师与学生共同参与环保技术的研发和应用。

第三，建立环保社团也是绿色校园建设中的重要举措。环保社团为学生提供了一个展示环保理念、组织环保活动的实践平台。通过社团活动，学生可以将课堂上学到的环保知识应用于实际生活，如开展校园内的垃圾分类宣传、组织社区环保志愿活动等。这不仅提高了学生的实践能力，还增强了他们的社会责任感，使他们成为未来环保事业的中坚力量。

（三）绿色管理与服务保障

在绿色校园的建设中，管理和服务是推动可持续发展不可或缺的部分。首先，实施垃圾分类与资源化利用是绿色管理的基本措施。学校可以通过设置不同种类的垃圾桶，明确标识垃圾的分类标准，培养师生的垃圾分类意识。与此同时，学校还可以与地方环保部门合作，推进校园内垃圾资源合理化利用的进程，例如，将有机垃圾制成肥料，用于校园绿化。其次，学校还应定期组织垃圾分类知识讲座或比赛，提升全校师生的环保参与度。无纸化办公是绿色校园管理中的另一创新举措。通过引入电子办公系统，学校可以有效降低纸张的使用率，从而减少对树木的砍伐和能源消耗。无纸化办公不仅提高了办公效率，还大幅减少了办公资源的浪费。为了确保无纸化办公的顺利实施，学校可以为教师和管理人员提供相应的培训，使其熟悉电子办公的流程和工具，进而更好地适应这一绿色办公模式。

在绿色服务方面，提供绿色餐饮服务是一项具有实际意义的举措，学校应倡导健康饮食，并优先使用绿色有机食品作为学校食堂的主要食材，减少化学添加剂和农药残留的食品在校园内的流通。同时，绿色餐饮服务还可以通过减少一次性餐具的使用，推广可降解或可重复使用的餐具来减少垃圾的产生。此外，学校餐厅可以设置食物浪费监测机制，提醒学生节约食物，避免浪费。这不仅能减轻校园垃圾处理的压力，还能培养学生健康的饮食习惯及环保意识。

（四）绿色文化与氛围创建

绿色校园的创新发展离不开浓厚的绿色文化氛围，通过不定期举办环保主题活动，学校可以在师生之间传播绿色理念，增强他们的环保意识。例如，校园可以定期组织环保创意设计大赛、生态摄影展览等活动，让师生通过亲身参与感受环保的重要性。这些活动不仅可以增强师生的环保意识，还可以通过创新的方式传播绿色文化，使环保成为校园生活的一部分。首先，加强校园绿化美化是营造绿色文化氛围的重要途径之一。优美的校园绿化不仅可以改善空气质量，还可以为学生提供一个舒适的学习环境。学校可以鼓励师生共同参与校园的绿化工作，如开展植树节活动、认领绿色植物等，让师生在劳动中体验到大自然的美好。同时，校园的绿化设计应充分考虑生态效益，选择适合当地气候条件的植物，形成多样化的植物景观，提升生态环境质量。其次，共建共享绿色校园是绿色文化发展的重要原则。学校应鼓励师生共同参与绿色校园的建设，使其成为绿色文化的传播者和实践者。通过制定相应的激励机制，如“绿色校园奖”评选等，学校可以调动师生的积极性，使他们在日常生活中自觉践行绿色理念，推动校园生态可持续发展。绿色校园不仅是一个物质空间，更是一种精神追求，其创新发展需要全体师生的共同努力，旨在使绿色理念融入每个人的日常行为，并形成良好的绿色校园风尚。

第九章 智慧校园的未来展望

第一节 智慧校园发展趋势预测

“近年来，随着5G应用的普及、物联网的兴起、人工智能算法的成熟、大数据在教育中的应用，原有的校园信息化体系已经无法满足今天师生的多样化、个性化的应用需求，亟待向智能化发展，”① 智慧校园已成为教育领域现代化的主要方向。智慧校园不仅强调数字化环境的建设，更注重利用信息技术提升校园管理、教学效率以及学习者的体验。未来智慧校园的建设趋势预计将在信息化系统的云化部署、支持移动终端接入、教学与行政管理一体化，以及大数据的综合利用等方面持续拓展和深化。

一、信息化系统的云化部署

信息化系统的云化部署是智慧校园发展的核心趋势之一，通过将传统的校园信息化系统从本地化的架构迁移至云端，学校可以极大地提升系统的灵活性、扩展性与安全性。这一变革不仅能够提高资源的使用效率，还能够降低系统维护成本，并为不同规模的学校提供灵活的解决方案。随着智慧校园体系的不断复杂化，传统的信息化系统面临着维护难度增加、扩展性不足等问题。而云计算技术通过集中化的资源调配和分布式存储，能够为校园提供强大的后台支持，减少对本地硬件的依赖。此外，云端系统可以自动化处理数据备份、更新、维护等操作，降低校园IT部门的工作负担，确保系统的高可用性。

云计算技术提供的弹性计算和存储能力，允许学校根据实际需求动态调整资源配置。随着学校规模的扩大或者数据需求的增加，云平台可以无缝扩展资源，而不需要进行硬件设备的频繁更换。这种灵活性不仅适应了智慧校园日益增长的数据量需求，还能够应对突发的访问流量，如在考试周或课程

① 张帆，黄巧洁，刘沛强，等．智慧校园的技术要求和发展趋势研究［J］．电视技术，2022，46（8）：213.

注册期间。智慧校园涉及大量的学生个人数据、教学资料以及行政信息。通过云化部署，学校能够依托云服务提供商的安全措施，如数据加密、身份验证、多层次的防火墙等，来提升系统的整体安全性。同时，云端服务具备更强的灾备能力，能够在突发情况下快速恢复数据，降低信息丢失的风险。云化部署减少了学校在硬件设备上的投资与维护费用。学校不再需要购买昂贵的服务器和存储设备，只需按需租用云端资源，形成更为灵活的费用支出模式。同时，教育资源可以在云端实现多校区、跨区域共享，这也提升了教育资源的公平性与可获得性。

二、支持移动终端接入

移动互联网技术的发展，使得移动终端设备在教育领域的应用日益广泛。支持移动终端接入已经成为智慧校园发展的重要方向之一。移动设备的灵活性与便捷性，使得师生能够随时随地获取教学资源、参与互动学习、进行信息沟通等。通过支持移动终端接入，智慧校园能够实现真正的“无边界学习”。学生可以在任何时间、任何地点通过移动设备参与学习，打破了传统课堂的时空限制。无论是在图书馆、咖啡馆，甚至是通勤途中，移动设备都可以为学生提供学习机会，极大地提升了学习的灵活性。为了支持移动终端接入，智慧校园需要建设一系列适配移动设备的应用与平台。首先，学校需要开发或者引入功能完善的移动端应用，应涵盖课程管理、在线学习、成绩查询、日程提醒等多种功能。其次，校园管理平台也需要能够兼容不同类型的移动设备，确保各种终端都能够顺畅接入系统。

移动终端的普及依赖于高效稳定的网络环境，智慧校园的发展趋势要求学校对无线网络基础设施进行优化和升级，以确保覆盖范围广、网速稳定、安全性高的无线网络接入服务。特别是在教学楼、图书馆、宿舍等人员密集区域，网络容量与速度需要进一步增强，以支持大规模的移动终端接入需求。随着移动终端的大规模使用，数据安全问题成为关注的焦点。智慧校园需要制定完善的数据安全与隐私保护策略，确保通过移动设备传输的学生信息、教学内容等不被泄露或篡改。这包括对移动设备的身份认证、数据传输的加密处理以及对丢失设备的远程锁定与数据擦除等。未来，随着 5G、Wi-Fi 6 等新一代网络技术的普及，智慧校园的移动终端接入能力将得到进一步提升。超高速、低延时的网络环境将为移动学习提供更为稳定的支持，推动 VR、AR 等新兴技术在智慧校园中的广泛应用，彻底颠覆传统的教学与学习模式。

三、教学行政管理一体化

智慧校园的发展目标之一是实现教学与行政管理的一体化。通过信息技术的融合与创新，学校可以整合教学资源、优化行政流程、提高管理效率，构建一个无缝衔接的综合管理平台。通过构建一体化的管理平台，学校能够打破教学与行政管理之间的壁垒，形成信息互通、资源共享的高效管理体系。例如：课程安排、教师调度、教室资源分配等教学活动可以与学校的财务、人事、后勤等行政工作无缝对接。这不仅可以提高学校整体管理效率，还可以减少重复劳动与资源浪费。为了实现教学与行政管理的一体化，学校需要建设一个统一的信息化管理平台。该平台应具备多模块、多功能的特点，涵盖教学管理、行政管理、财务管理、学生事务管理等多个领域。通过集成化的管理系统，学校能够实现数据的共享、统一存储与管理，打破部门之间的“信息孤岛”，确保数据的及时性与准确性。

一体化管理系统的另一个重要优势是能够为学校的管理决策提供数据支持。通过对教学数据、学生数据、财务数据等进行综合分析，学校管理层能够实时掌握学校的运营状况，及时发现存在的问题并作出调整决策。例如：通过分析学生的出勤率、成绩波动等数据，学校可以对教学效果进行评估并改进教学计划。未来，随着人工智能与大数据技术的发展，教学与行政管理的一体化将更加智能化与自动化。智慧校园将能够自动生成课程表、优化资源调度、预测财务需求等，真正实现高效、智能的校园管理。

四、大数据的综合利用

随着信息技术的快速发展和智慧校园建设的推进，大数据已经成为现代校园管理和教学改革的重要驱动力。在智慧校园的建设过程中，大数据的综合利用不仅提高了教学质量与管理效率，还推动了个性化教育的发展与智慧决策的实现。因此，未来智慧校园在大数据的综合利用方面将呈现出更加广泛和深入的发展趋势。

第一，大数据在教学中的应用。大数据在智慧校园的教学中具有广泛的应用前景。通过对学生在学习过程中的数据收集与分析，教师可以更准确地把握学生的学习动态，及时调整教学内容与策略。此外，大数据还能帮助学校对课程设置进行优化，确保教学内容与社会需求紧密结合，提高教育资源的利用效率。未来，大数据的应用将使教学评估变得更加科学与精确。通过对大量历史数据的分析，学校可以建立一套完整的学生学习行为模型，从而在教学中实现差异化指导。例如，基于学生的学习轨迹、认知水平和兴趣倾向，学校可以为每位学生提供精准的个性化学习方案，帮助学生充分发挥潜力。这种基于大数据的教学模式不仅提高了教学效率，还推动了教育公平的实现。

第二，大数据在校园管理中的应用。智慧校园的大数据应用不仅限于教学领域，校园管理也是大数据综合利用的重要方向。通过大数据技术，学校可以更加高效地进行资源调度与管理决策。此外，未来的大数据应用还将渗透到校园的财务管理、行政事务处理以及人力资源配置等方面。通过对各类业务数据的综合分析，管理层能够实时掌握校园各项工作的运行情况，及时发现潜在问题并迅速作出决策。这种基于大数据的智慧管理模式不仅提高了学校的管理效率，也增强了其应对突发情况的能力。

第三，大数据在学生发展中的应用。在智慧校园中，大数据的应用将为学生的全面发展提供更为科学的支撑。首先，大数据可以帮助学校更加精准地进行学生的学业规划与就业指导。通过对学生学术表现、兴趣爱好、职业倾向等数据的长期跟踪与分析，学校可以为学生量身定制学业发展路线图，并提供个性化的职业建议。这种基于数据的指导能够有效提升学生的就业竞争力，帮助他们更好地适应未来的职业发展需求。其次，大数据还能推动学生心理健康管理的精细化。通过对学生日常行为、心理测评数据的综合分析，学校可以及时发现学生可能存在的心理问题，并及时采取针对性的干预措施。未来，随着智慧校园系统的进一步发展，心理健康管理将更加依赖于大数据的实时监控与分析，从而为学生提供全方位的健康保障。

第四，大数据与人工智能的结合。未来，智慧校园中大数据的综合利用将越来越多地与人工智能技术相结合，实现更加智能化的教学与管理。在教学方面，基于大数据的人工智能技术能够帮助教师更好地理解学生的学习行为与认知特点，从而提供更为精准的个性化教学服务。例如，智能学习平台可以根据学生的学习情况自动调整课程难度与内容，帮助学生更好地掌握知识点。在管理方面，人工智能结合大数据技术可以进一步提升校园管理的智能化水平。例如：智能安防系统可以通过大数据分析与机器学习算法实现对异常行为的自动识别与报警，极大地提高校园的安全保障能力。此外，人工智能还可以帮助学校自动化处理大量的行政事务，如招生、财务管理、人员调度等，从而解放人力资源，提高工作效率。

第五，大数据在教育科研中的应用。大数据在智慧校园中的应用不仅限于教学与管理，它还将在教育科研领域发挥重要作用。未来，随着数据收集技术的不断进步，教育科研将更加依赖于大数据的支持。学校可以通过构建数据共享平台，实现不同教育机构之间的数据互联互通，从而推动跨学校、跨地区的教育研究合作。这种基于大数据的科研合作将有助于提高教育研究的科学性与实用性，进一步促进教育的创新与改革。

总而言之，大数据在智慧校园中的综合利用不仅是一种技术趋势，更是一种教育创新的必然选择。通过合理利用大数据，学校能够更好地实现教育资源的优化配置、教学质量的持续提升以及学生身心的全面发展，从而推动智慧校园建设迈向更高水平的智能化阶段。

第二节　人工智能在智慧校园中的应用前景

随着科技的快速发展，人工智能（AI）在智慧校园中的应用潜力不断显现。“智慧校园作为教育现代化的重要体现，借助人工智能技术不仅能够提高教学效果，实现个性化学习，还有助于校园的精细化和智能化管理。”[①]智慧校园不仅依赖于传统的数字化管理，还借助人工智能技术进一步优化教育模式、提高管理效率、改善学生体验，并推动校园信息化进程。人工智能技术在智慧校园中的应用前景主要包括以下几个方面。

一、人工智能技术应用于智慧校园学习方面

人工智能技术的广泛应用正在彻底改变传统的学习模式，尤其在个性化学习、智能教学和学生评估方面的创新表现尤为突出。通过对学生学习行为和习惯的分析，人工智能能够提供精准的学习建议，并有助于其制定更加个性化的学习路径。人工智能在智慧校园学习方面的应用深入而广泛，为智慧校园提供持续的动力支持。

第一，个性化学习的实现。人工智能可以通过数据分析技术，监测学生的学习进度、习惯、兴趣和理解能力，并据此自动调整教学内容和学习方法。这种个性化的学习体验不仅可以提高学生的学习效率，还可以增强他们的自

① 马广建．人工智能技术在智慧校园中的应用［J］．张江科技评论，2024（1）：47.

主学习能力。例如：基于人工智能的智能学习平台可以为每个学生量身定制学习计划，确保他们能够根据自己的节奏学习。此外，AI 还能通过分析学生在不同知识点上的表现，为教师提供参考，以便他们有针对性地进行辅导和教学调整。

第二，智能辅导系统。智能辅导系统能够 24 小时在线回答学生的学术问题，提供即时反馈，帮助他们解答难题。通过自然语言处理技术，智能辅导系统可以模拟教师的对话方式，与学生互动，帮助他们理解复杂的概念。此外，AI 辅导系统可以根据学生的学习表现，实时提供额外的学习资源或练习题，从而更好地支持学生的个性化学习需求。

第三，自动化评估与反馈。人工智能在教育评估中的应用具有革命性意义，传统的考试评估主要依赖于人工批改，不仅耗时长，而且易受主观因素影响。人工智能技术通过自动批改系统，不仅能够快速、准确地评估学生的作业和考试成绩，还能够针对学生的薄弱点提供反馈。这种系统可以分析学生的答题过程和错误模式，从而为学生提供有针对性的学习建议，帮助他们更好地提升学术水平。

二、人工智能技术应用于智慧校园生活管理

在智慧校园生活管理中，人工智能技术同样发挥着重要作用，从校园安全到宿舍管理，再到食堂服务，AI 的应用提升了智慧校园生活的安全性、便捷性和舒适度，提升了智慧校园的整体管理水平。

第一，校园安全监控与管理。引入人工智能技术可以实现对校园安全的全方位监控和管理。例如，智能监控摄像头结合人脸识别技术，可以有效检测到陌生人员进入校园，并立即发出警报。此外，AI 驱动的入侵检测系统可以在有非法闯入或安全隐患时，迅速作出反应，确保校园的安全。同时，人工智能系统还可以通过数据分析，识别出潜在的安全风险，如学生行为的异常变化，从而提前预防安全事故的发生。

第二，宿舍智能管理。在宿舍管理方面，智能化的宿舍生活系统通过人工智能技术，实现了对宿舍设备的智能控制，如智能灯光、空调、窗帘等。这些设备可以根据学生的生活习惯和环境需求，智能调节室内温度、光线等，既提高了学生的居住舒适度，又能有效节省能源。此外，宿舍管理系统还可以通过监控宿舍的用电情况和学生行为，及时预警突发事件，如火灾或用电异常，从而保障学生的人身和财产安全。

第三，智能化餐饮服务。在学校食堂管理方面，人工智能技术的应用大大提高了餐饮服务的质量和效率。例如，智能化食堂管理系统可以通过 AI 技术优化菜品的供应链管理，分析学生的饮食习惯，提供个性化的饮食建议。同时，智能结账系统通过人脸识别或其他生物识别技术，简化了支付流程，减少了就餐者排队等候的时间。此外，AI 还可以通过数据分析，监控食品安全，确保食材的质量和安全性。

三、人工智能技术应用于智慧校园图书馆管理

图书馆作为智慧校园的重要组成部分，在人工智能技术的加持下，已经从传统的纸质书籍管理模式逐步转变为集成多种智能化服务的综合平台。人工智能不仅提高了智慧校园图书管理的效率，还极大地改善了读者的阅读体验。

第一，智能化信息检索与推荐。传统图书馆的检索系统往往依赖于关键词匹配，而人工智能则能够通过语义分析技术，理解用户查询的意图，并提供更加精准的检索结果。例如：当学生在图书馆系统中输入一个模糊的查询时，人工智能可以根据上下文理解学生的需求，自动推荐相关的书籍、论文或其他学习资源。此外，AI 还可以根据用户的阅读历史和兴趣爱好，推荐个性化的阅读书目和研究资料，帮助学生节省查找资料的时间。

第二，自动化图书管理。人工智能技术还可以应用于图书的自动管理，包括图书的分类、上架和借还书操作。智能机器人可以代替人工进行书籍的分类整理和配送，减轻图书管理员的工作负担。此外，图书馆系统可以利用 AI 技术分析图书的使用频率和受欢迎程度，动态调整书籍的购置和排布，从而更有效地满足读者的需求。

第三，虚拟阅读空间的构建。智慧图书馆不仅限于物理空间的管理，人工智能还可以帮助构建虚拟阅读空间，使学生能够随时随地访问图书馆馆藏资源。通过虚拟现实（VR）和增强现实（AR）技术，学生可以身临其境地参与虚拟图书馆举办的学习活动，获得更加沉浸式的阅读体验。这种智能化的虚拟图书馆不仅打破了时间和空间的限制，还为学生提供了更加丰富的学习资源。

四、人工智能技术应用于智慧校园网络层建设

人工智能技术的应用依赖于强大的网络基础设施，尤其是在数据传输和

信息交流方面。人工智能技术在智慧校园网络层的应用，不仅提高了网络的传输速度和稳定性，还增强了校园网络的安全防护能力，为智慧校园的发展奠定了坚实的基础。

第一，高速宽带与数据传输。智慧校园的各类人工智能应用，如个性化学习平台、智慧图书馆系统、宿舍智能管理等，都需要大量的数据传输和处理。这就要求校园网络具备足够的带宽和高速传输能力，以确保数据的实时性和准确性。同时，AI 应用生成的大量数据需要稳定的网络环境进行传输和存储，因此，建设高速宽带网络是保障智慧校园顺利运行的关键。

第二，智能化网络管理。人工智能技术还可以应用于校园网络的智能管理，如动态调整网络带宽、优化网络流量分配等。通过 AI 系统的监控，网络管理人员可以实时了解网络的使用情况，及时发现并解决潜在的和已有的网络故障，确保网络的稳定运行。此外，智能化的网络管理系统还可以自动识别潜在的网络安全威胁，并采取相应的防护措施，进一步提升网络的安全性。

第三，网络安全防护。随着人工智能应用的广泛推广，校园网络面临的安全威胁也在增加。人工智能技术可以通过深度学习算法，自动识别网络中的潜在安全威胁，如网络攻击、病毒入侵等，并及时采取防护措施。这种智能化的安全防护系统不仅可以大大减少网络故障和降低信息泄露的风险，还能有效保障校园信息系统的安全性。

第三节　智慧校园与智慧社会的融合发展

一、智慧社会概述

（一）智慧社会的主要特征

智慧社会是信息技术高度集成与社会各领域深度融合的结果，是未来社会发展的理想形态。智慧社会的核心在于通过先进的信息技术手段，全面实现对社会的感知、分析、整合与智能响应，以提高社会运转效率和质量。它依托于大数据、人工智能、物联网、云计算等新兴技术，形成了一个以数据驱动为基础的高度互联和智能化的社会体系。与传统社会相比，智慧社会具有明显的动态适应性、自动化响应性和个性化服务特点。智慧社会的一个显

著特征是全方位的感知系统，通过各种传感器和网络设施，可以实时获取大量的社会数据。这些数据涵盖了城市管理、资源分配、公共安全、健康服务等多个领域。这些数据经过分析和处理后，能够支持政府和企业作出高效、智能的决策。此外，智慧社会的另一重要特征在于数据驱动的智能化响应能力，社会系统能够通过算法和机器学习，自动优化各项资源的配置和社会服务的供给，确保决策的科学性和时效性。智慧社会不仅是一种技术构想，也体现了社会组织方式的深刻变革，其核心目标是通过技术与人类需求的紧密结合，提高社会整体运行的效率，并改善社会成员的生活质量。智慧社会以个性化服务为基础，在医疗、教育、交通等多个领域实现信息与服务的智能化匹配，从而有效应对现代社会的复杂性和不确定性。

（二）智慧社会的构成要素

智慧社会是一个复杂的系统，涵盖了多个相互联系的要素。这些要素共同作用，形成一个高度互联、智能化的社会运行体系。智慧城市是智慧社会的基础组成部分，智慧城市通过智能化的城市管理系统，将交通、能源、环境、安防等多个城市功能模块进行整合和优化，实现资源的高效利用与服务的智能响应。首先，智慧交通是智慧社会的重要组成部分之一，通过智能交通管理系统，可以实现道路、车辆、行人和交通设施之间的动态协同与智能调度，从而提高交通效率，减少道路拥堵，并提升交通安全水平。同样，智慧医疗作为智慧社会的关键要素，通过医疗大数据和智能诊断系统，能够为人们提供精准、个性化的医疗服务，从而提高疾病的预防和治疗效率。其次，智慧教育是智慧社会中的另一个重要方面。通过在线教育平台、人工智能导师、虚拟现实教学等技术，智慧教育打破了传统教育的时间和空间限制，使教育资源能够更加公平、广泛地分配。同时，智慧教育通过个性化的学习分析系统，能够根据学生的学习特点与需求，提供定制化的学习方案，从而进一步提高学习效果。除此之外，智慧社会还包括智慧政务、智慧能源、智慧物流等多个领域。这些要素通过信息化和智能化手段互相联动，共同构成了智慧社会的整体框架。

（三）智慧社会的建设目标

第一，智慧社会建设的总体目标在于提高社会运行的效率，优化资源配置，增进民生福祉。在智慧社会中，社会资源的配置不再依赖传统的线性模式，而是通过大数据和智能算法实现自动化、精准化的资源调度，从而减少资源浪费，提高效率。这种优化不仅体现在物质资源的分配上，也体现在信息资源的高效利用中。

第二，智慧社会致力于通过技术手段改善人们的生活质量。具体而言，智慧社会通过智能化的公共服务系统，使人们在医疗、教育、交通等领域能够享受到更为便捷、高效的服务。例如，智慧医疗通过远程诊疗、智能健康监测等技术，能够帮助人们及时获取医疗资源，减少就医成本。同样，智慧教育通过在线教育平台和智能学习系统，使得教育资源能够更加公平、广泛地分配，从而缩小教育资源不均衡的问题。

第三，智慧社会强调生态与可持续发展的目标，通过智慧能源管理系统，能够有效减少能源浪费，并推动绿色低碳技术的应用。智慧交通系统的建设也有助于降低碳排放，提高交通的可持续性。此外，智慧社会通过智能化的环境监测和管理系统，可以及时应对突发的环境问题，并制定科学的治理措施，从而实现经济、社会、环境的协调发展。

二、智慧校园与智慧社会的融合发展路径

智慧校园与智慧社会的融合发展不仅是技术的堆叠，更是多层次、多领域的协同创新，下面从技术融合、资源共享、服务协同、治理模式创新四个方面详细探讨两者融合的具体路径。

（一）技术融合路径

技术融合是智慧校园与智慧社会实现深度协同的基础。随着信息技术的飞速进步，智慧校园和智慧社会都依赖于先进的技术手段来提升系统的智能化和互联互通性。在技术融合方面，数据共享平台、统一身份认证体系、智能分析决策系统等技术点都具有极大的潜力。

第一，数据共享平台的构建是技术融合的重要起点。智慧校园积累了大量的教学数据、学生行为数据以及科研成果数据，而这些数据在智慧社会的建设中同样具有极高的应用价值。例如：智慧校园中的学习行为数据可以通过数据共享平台为智慧社会中的终身教育、职业教育等提供个性化的学习建议和方案。同时，智慧社会中的城市管理数据、社会服务数据也可以反向输送至智慧校园，用于教育领域的科学研究和课程设计，从而实现双向数据流动。

第二，统一身份认证体系是实现智慧校园与智慧社会无缝对接的重要技

术环节。在智慧社会中，个人在教育、医疗、交通等多个场景中都需要身份认证，而智慧校园中的学生、教职工也需要进行身份验证。通过统一身份认证体系，个人能够在智慧校园与智慧社会之间无缝切换，从而提升用户体验，促进用户身份信息的安全流转。

第三，智能分析决策系统是技术融合的重要内容之一。智慧校园通过智能分析系统对学生学业表现、学习偏好等数据进行分析，从而提供个性化的教育服务；而智慧社会中的智能分析系统则更多应用于社会管理、公共服务等领域。通过技术融合，智慧校园的分析系统可以为智慧社会提供更多的教育领域数据支持，而智慧社会的智能分析技术则可以为智慧校园中的管理决策提供借鉴和优化建议。

（二）资源共享路径

智慧校园与智慧社会的资源共享是两者融合发展的关键路径之一。智慧校园中的教育资源，如优质课程、科研成果、师资力量等，可以通过智慧社会的资源整合平台向更广泛的社会群体开放，促进教育资源的优化配置和共享，推动智慧校园成果向智慧社会的转化应用。

第一，教育资源的优化配置是实现资源共享的首要任务。在智慧校园中，教育资源集中在校园内部，服务于在校师生。然而，随着智慧社会的发展，这些优质教育资源应该打破物理校园的限制，向社会开放。例如：智慧校园的在线教育课程可以通过智慧社会的学习平台，面向所有社会成员提供终身教育服务，特别是为偏远地区、低收入人群提供优质教育资源。

第二，科研成果的转化应用也是资源共享的重要一环。智慧校园积累了大量的科研数据和学术成果，而这些成果在智慧社会中具有广泛的应用前景。例如，智慧校园中的人工智能技术研究成果可以转化为智慧城市中的智能交通、智能医疗等应用场景，为社会的智能化发展提供技术支持。同时，智慧社会中的产业需求和技术难题也可以通过与智慧校园的科研合作，推动更多的产学研结合，从而实现双赢。

第三，师资力量的社会共享能够提升智慧社会的整体教育水平。智慧校园中积累了丰富的教学经验和优质的师资力量，这些资源通过智慧社会的教育平台可以向全社会开放，特别是在社区教育、职业教育等领域，智慧校园的教师可以为社会提供专业的指导和教学服务，从而提升全社会的整体教育水平和学习能力。

（三）服务协同路径

智慧校园与智慧社会的服务协同，是两者在融合发展中实现更高效服务体系的关键。通过公共服务领域的协同机制，智慧校园与智慧社会可以在教育、学习、社区服务等多个方面实现互利共赢。

第一，在线教育的协同是服务协同的核心内容。智慧校园中的在线教育平台，通过智慧社会的技术支持和资源整合，能够更加高效地面向全社会提供优质的在线教育服务。例如：智慧校园中的优质课程可以通过智慧社会的在线平台推广至更多的社会学习者，打破校园和社会之间的知识壁垒，推动知识的广泛传播和高效应用。

第二，终身学习体系的建设是智慧校园与智慧社会服务协同的重要方向。智慧校园不仅为在校师生提供教育服务，还可以通过智慧社会的终身学习平台，面向全社会提供持续的学习机会。随着社会的不断发展，职业技能和知识的更新速度越来越快，智慧社会中的成员需要不断学习新知识、掌握新技能。智慧校园的教育资源和学习平台可以通过与智慧社会的协同合作，为社会成员提供个性化的终身学习方案，从而促进社会整体素质的提升。

第三，社区教育的服务协同也能够为智慧社会的发展提供有力支持。智慧校园通过社区教育平台，可以为所在地区的居民提供丰富的教育资源和学习机会，帮助社区居民提高自身文化素质、参与社会建设。社区教育不仅能够满足居民的个性化学习需求，还能够通过智慧校园的技术支持和资源共享，提升整个社区的文化水平和社会活力。

（四）治理模式创新

在智慧校园与智慧社会的融合背景下，治理模式的创新是推动社会发展和智能化转型的核心。传统的社会治理模式往往依赖于集中化的管理和层级化的结构，而智慧校园与智慧社会的融合则能够推动更加开放、精准和参与式的治理模式。

第一，基于大数据的精准管理是治理模式创新的重要方向。智慧校园和智慧社会都积累了大量的用户数据，通过大数据技术的分析，可以为社会治理提供更加精准的决策支持。例如，智慧校园中的学生行为数据可以通过大数据分析，帮助学校制定更加符合学生需求的教育政策，而智慧社会中的公共服务数据则可以帮助政府部门进行精确的社会管理和资源配置。

第二，公众参与的社会治理是智慧社会建设的核心理念之一。智慧校园中的师生群体可以通过智慧社会的平台积极参与社会治理过程。例如，智慧校园中的学生可以通过智慧社会的在线平台参与社区建设、公共政策讨论等社会事务，提升社会的民主参与度和公民意识。同时，智慧社会中的公众也可以通过智慧校园的资源和平台，参与学校的决策和管理，推动学校治理模式的创新。

第三，开放式的社会治理模式能够进一步推动智慧校园与智慧社会的融合发展。智慧校园中的资源和数据可以通过开放平台与智慧社会中的各类主体进行共享和合作，推动治理过程中的透明度和效率提高。同时，智慧社会中的各类组织和个人也可以通过开放式平台，参与到智慧校园的建设和发展中来，从而实现双向互动和协同创新。

参考文献

[1] 陈林，廖恩红，曹杰 .“互联网 +”智慧校园技术与工程实施 [M]. 成都：电子科技大学出版社，2017.

[2] 陈淑琴 . 高校绿色校园运行管理体系 [M]. 北京：中国建材工业出版社，2022.

[3] 陈万志，赵宇璇 . 智慧校园隐式用户行为的数据挖掘方法 [J]. 辽宁工程技术大学学报（自然科学版），2020，39（5）：434-439.

[4] 陈小年 . 大数据背景下智慧校园网络平台建设的探索与实践 [J]. 科技创新与应用，2020（21）：62.

[5] 邓德平 . 智慧校园网络环境设计与设计方案探究 [J]. 数码世界，2019（8）：128.

[6] 冯振开，朱广明 . 创建智慧校园践行成功教育 [J]. 中小学信息技术教育，2018（11）：25-26.

[7] 高俊晓 . 智慧校园导向标识机器人步态自动化控制方法 [J]. 自动化与仪器仪表，2022（8）：249-252.

[8] 金国镇 . 基于物联网的智慧校园信息化建设分析 [J]. 价值工程，2021，40（24）：145-147.

[9] 金玉苹，张索勋 . 云数据背景下的高校智慧校园建设 [M]. 北京：冶金工业出版社，2019.

[10] 李进生 . 智慧校园基础 [M]. 北京：首都经济贸易大学出版社，2021.

[11] 廖信海 . 基于智慧校园的网络态势感知系统设计及实现研究 [J]. 自动化与仪器仪表，2021（8）：139-142.

[12] 刘光宇 . 高职院校智慧校园建设现状及发展趋势 [J]. 中国培训，2023（2）：104.

[13] 刘佳 . 区块链打破“高校围墙”助力智慧教育 [J]. 电脑与电信，2020（5）：13.

[14] 刘沛强 . 智慧校园物联网一体化设计 [J]. 电声技术，2021，45（3）：42-45.

[15] 刘萍 . 基于三维激光扫描数据的智慧校园三维重建建模研究 [J]. 激光杂志，2023，44（11）：167-171.

[16] 刘子侠，许振哲 . 智慧校园背景下学生档案管理系统优化升级刍议 [J]. 兰台世界，2022（1）：69-71.

[17] 罗辉 . 职业院校智慧校园建设与应用指南 [M]. 成都：电子科技大学出版社，2019.

[18] 罗金玲 .“互联网 +”时代智慧校园建设探索 [M]. 长春：吉林大学出版社，2016.

[19] 马广建 . 人工智能技术在智慧校园中的应用 [J]. 张江科技评论，2024（1）：47.

[20] 马广瑞 . 智慧校园安防系统建设研究 [J]. 信息与电脑：理论版，2021，33（13）：104.

[21] 马嘉林 . 平安校园提升建设中的安防信息化升级探究 [M]. 北京：对外经济贸易大学出版社，2019.

[22] 潘虹 . 智慧校园视域下高校社交媒体信息归档路径研究 [J]. 兰台世界，2023（2）：69-72.

[23] 潘胜玲 . 智慧校园数据中心建设研究 [J]. 电子世界，2020（2）：41.

[24] 乔沛昕，李红波，魏冬雨 . 互联网 + 智慧校园：教育信息化 2.0 时代智慧校园新形态 [J]. 教育探索，2019（5）：63-68.

[25] 石少敏 . 基于云计算的智慧校园系统设计 [J]. 自动化与仪器仪表，2017（8）：61-62，65.

[26] 石少敏 . 基于云计算和物联网的智慧校园规划设计 [J]. 电子测试，2019（20）：40-42.

[27] 唐磊，张源 . 智慧化校园建设研究：数字化转型研究态势与内容分析 [J]. 内蒙古财经大学学报，2023，21（4）：11-14.

[28] 屠佳琪，王冬梅，高焕江，等 . 智慧校园背景下高校大数据服务体系的研究 [J]. 现代电子技术，2023，46（20）：76-80.

[29] 王翀，滕腾 . 开放性智慧校园生活服务平台的设计与实现 [J]. 软件，2020，41（9）：43.

[30] 王磊，赵红梅，李赫男 . 探究智慧校园建设与信息技术应用：以黑龙江八一农垦大学为参考 [M]. 哈尔滨：哈尔滨工程大学出版社，2019.

[31] 王玮 . 高校无线网络的设计与实现 [J]. 北京石油化工学院学报，2017，25（3）：62–68.

[32] 王瑶琪，聂建峰，张芳 . 加快智慧校园建设推进大学治理现代化 [J]. 中国高等教育，2021（19）：24–26.

[33] 王照龙 . 关于智慧校园建设中校园平台建设的几点思考 [J]. 卷宗，2018，8（34）：215.

[34] 徐华宇 . 智慧校园分布式数据采集系统研究 [J]. 粘接，2021，47（9）：102–105.

[35] 于丽 . 校园网络基础设施建设的项目设计与实践 [M]. 天津：南开大学出版社，2017.

[36] 张帆，黄巧洁，刘沛强，等 . 智慧校园的技术要求和发展趋势研究 [J]. 电视技术，2022，46（8）：213.

[37] 张琦，邵彦敏 . 智慧校园背景下信息协同评价与推进策略研究 [J]. 情报科学，2019，37（8）：102–107.

[38] 钟兆国 . 智慧校园数据中心的安全建设 [J]. 电脑高手，2021（4）：2001.

[39] 徐家利 . 职教本科校务信息化治理研究 [J]. 中国管理信息化，2024，27（23）：227–230，

[40] 徐家利，付祥 . 基于 Prophet 的校园停车数据分析及车位需求预测 [J]. 无线互联科技，2024，21（14）：96–99.

[41] 徐家利 , 付祥 . 基于 LORA 的智慧校园停车预约系统设计 [J]. 现代计算机，2024，30（21）：36–40.

[42] 徐家利 . 智慧校园堡垒主机网络入侵日志分析和预测 [J]. 现代计算机，2024，30（23）：142–145.

[43] 浙江机电职业技术学院（徐家利）.2023SR1579312. 科研信息化系统流程自动化软件 [软件].2023(2023.9.1)[2024.9.15]. 国家版权局 .

[44] 浙江机电职业技术学院（徐家利）.2023SR1579312. 校园建筑节能监测信息管理系统 [软件].2023(2023.9.1)[2024.9.15]. 国家版权局 .

[45] 浙江机电职业技术学院（徐家利）.2023SR1368693. 风电企业档案信息化系统 [软件].2023(2023.7.1)[2024.9.15]. 国家版权局 .